The Ultimate Frisian Verb Handbook

Mastering Frisian Through 450 Essential Verbs

Foreword

We Frisians like to keep things short, but sweet and so this will be. So how does this book work? Go through the 'Table of Contents' and look for the verb(s) you would like to know. Find the right page and gather the information. Important to know:

Notiid = Present Tense
Doetiid = Past Tense
Mulwurd = Present Perfect

Folle lok! | Much luck!

Table of Contents

10.	abandon	17.	bleed	25.	clean
10.	abuse	17.	blow	25.	collect
10.	activate	18.	blow one's nose	26.	combat
10.	accept	18.	break	26.	come
11.	administrate	18.	break up	26.	come into being
11.	admire	18.	breathe	26.	commit
11.	admit	19.	breed	27.	communicate
11.	adore	19.	bring	27.	compare
12.	advise	19.	brush	27.	complain
12.	alarm	19.	build	28, 65	connect
12.	amuse	20.	belch	28.	consider
12.	answer	20.	burn	28.	contain
13.	appear	20, 44	burp	28.	convince
13.	arrange	20.	bury	29.	cook
13.	ask	20.	buy	29.	correct
13.	avenge	21.	calculate	29.	cover
14, 38	avoid	21.	curse	29.	cover up
14.	be	21, 22.	call	30.	crawl
14.	be absent	22.	can	30.	create
15.	be called	22.	capture	30, 119	cry
15.	beat	23.	carve	30.	cut
15.	begin	23.	catch	31.	dance
15.	believe	23.	cause	31, 117	dare
16.	bend	23.	celebrate	31.	darken
16.	betray	24.	change	31.	deafen
16.	better	24.	chase away	32.	defeat
16.	bind	24.	chew	32.	deceive
17.	bite	24.	choke	32.	decide
17, 88	blame	25.	choose	32.	declare

33.	defend	41.	economize	49.	fulfill
33.	deliver	41.	embrace	49.	function
33.	demand	41.	end	50.	fuse
33.	describe	41.	endure	25.	gather
34.	destroy	42.	enjoy	50.	generate
34.	develop	42.	escalate	50.	get
34.	devise	42.	escape	42.	get away
22.	dial	42.	establish	51.	get used to
34.	die	43.	exaggerate	51.	give
35.	die (formal)	43.	exist	51.	give birth
35.	die of	43.	expect	51.	glide
35.	dig	43.	fail	52.	glorify
35, 82	digest 2x	44.	fall	52.	go
36.	disappear	44.	falsify	52.	go bad
18.	disconnect	44.	farm	52.	go under
36.	discourage	44, 45	feed	53.	govern
36.	discover	45.	feel	53.	grab
36.	distinguish	45.	fight	53.	grasp
37.	dive	45.	find	53.	greet
37.	divide	46.	find oneself	53.	grin
37.	do	46.	fire someone	54.	grow
37, 38	dodge	46.	fish	54.	guard
38.	dominate	46.	flee	54.	guess
38.	double	47.	fly	54.	guzzle
38.	drag	47.	follow	55.	handle
39.	draw	47.	forbid	55.	hang
39.	dream	47.	force	55.	harm
39.	dress up	48.	foresee	56.	hate
39, 54	drink	48.	forget	56.	have
40.	drown	48.	forgive	56.	hear
40.	earn	48.	form	56.	help
40.	eat	49.	free	57.	hide
40.	eat like an animal	49.	freeze	57.	hide (an object)

57.	hinder	65.	lend	73.	must
57.	hire	65.	let	73.	name
14.	hit	49.	liberate	73.	need
61.	hold	65.	lie	59.	negate
58.	honor	65, 28	link	74.	notice
58.	hope	66.	listen	74.	obligate
30.	hug	66.	live	74.	obtain
58.	humiliate	66.	live (place)	75.	occupy
58.	hunt	67.	lock up	75.	offend
59.	hurt	67.	look at	75.	offer
59.	ignore	67.	look forward	75.	open
16.	improve	67.	lose	76.	oppose
59.	inform	61.	love	55.	operate
59.	inherit	68.	lower	76.	order
60.	inspect	68.	lure	76.	organize
60.	interrupt	68.	maintain	76.	oversleep
60.	involve	68.	make	77.	overwhelm
60.	judge	69.	make a slip of tongue	77.	own
61.	jump	69.	master	77.	paint
61.	justify	69.	marry	78.	part
61, 91	keep	69.	may	78.	pass
62.	keep silent about	70.	mean	78.	pay
62.	kick	70.	measure	52.	perish
62.	kill	70.	meet	70.	pinch
62.	kiss	70.	melt	79.	place
63.	knock	71, 14	miss	79.	play (children)
63.	know (someone)	71.	mingle	79.	play (game)
63.	know	71.	mix	79.	pollute
63.	land	71.	mix together	77.	possess
64.	laugh	71.	modify	80.	pour
64.	lay	72.	molt	80.	praise
64.	lead	72.	move	80.	pray
64.	learn	72.	murder	80.	predict

81.	prefer	88.	require	95.	shave
81.	present	88.	research	95.	shear
81.	present with	89.	respect	95.	shine
81.	prevail	89.	restrict	96.	shit
82.	process	89.	resume	96.	shoot
82.	produce	61.	retain	96.	shoot at
82.	promise	89.	ride	96, 21	shout
82.	promote	90.	risk	97.	shove
83.	protect	52.	rot	97.	shut
83.	pull	90.	rub	97.	sign
15.	punch	52.	ruin	97.	sin
83.	punish	90.	rule	98.	sing
83.	push	90.	sail	98.	sink
84.	reach	91.	save	98.	sit
84.	read	91.	say	98.	skin
84.	receive	91.	say sorry	99.	slaughter
84.	recognize	92.	scare	99.	sleep
85.	recover	92.	search	51.	slide
85.	reduce	92.	seduce	99.	smear
85.	refer	92.	seek	98.	strip
85.	reflect	92.	seem	99.	smell
86.	reject	93.	select	100.	smile
86.	remember	93.	sell	100.	smoke
86.	remove	93.	send	100.	smuggle
86.	renew	93.	sentence	101.	sneak
57.	rent	94, 55	serve	101.	sneak up
87.	repeat	94.	set	101.	snore
87.	replace	49.	set free	102.	solve
87.	reply	94.	shake	102.	speak
87.	represent	94.	shall	102.	spill
88.	reproach	95.	shame	103.	split
88.	request	95.	share	103.	spread

103.	spread out	111.	taste	118.	wash
103, 78	squeeze	111.	tear apart	119.	waste
103.	stab	112.	tell	119.	waste (time)
104.	stand	112.	thank	119.	watch
104.	stay (for the night)	112.	think	119.	weep
104.	stay	112.	think deeply	120.	weigh
104.	steal	113.	throw	120.	welcome
105.	steal from	113.	throw up	120.	whisper
105.	step	113.	tolerate	27.	whine
103.	sting	113.	touch	94.	will
105.	stink	38.	tow	120.	win
105.	stir (food, drink)	114.	treat	121.	wish
106.	stop	114.	tremble	109.	wipe
106.	stretch	114.	trip	121.	wonder
106.	struggle	114.	trust	121.	work
107.	study	115.	try	121.	work hard
107.	subscribe	115.	turn	11.	worship
107.	suffer	115.	turn out	122.	wrestle
107.	summarize	36.	uncover	122.	write
108.	support	116.	understand		
108.	suspect	116.	use		
108, 21	swear	116.	vaccinate		
108.	sweat	36.	vanish		
109.	sweep	116.	vary		
109.	swim	117.	venture		
109.	swing	117.	verify		
109.	switch	115.	visit		
110.	take	113.	vomit		
110.	take away	117.	vote		
110.	take care	117.	walk		
22.	take over	118.	wander		
110.	talk	118.	want		
111.	talk about	118.	warm		

to abandon

	Notiid	Doetiid	Mulwurd
Ik	ferlit	ferliet	ferlitten
Dû	ferlitst	ferlietst	
Hy, sy, it	ferlit	ferliet	
Wy, jim, sy, jo	ferlitte	ferlieten	

to abuse

	Notiid	Doetiid	Mulwurd
Ik	misbrûk	misbrûkte	misbrûkt
Dû	misbrûkst	misbrûktest	
Hy, sy, it	misbrûkt	misbrûkte	
Wy, jim, sy, jo	misbrûke	misbrûkten	

to activate

	Notiid	Doetiid	Mulwurd
Ik	aktivearje	aktivearre	aktivearre
Dû	aktivearrest	aktivearrest(e)	
Hy, sy, it	aktivearret	aktivearre	
Wy, jim, sy, jo	aktivearje	aktivearren	

to accept

	Notiid	Doetiid	Mulwurd
Ik	Akseptearje	Akseptearre	Akseptearre
Dû	Akseptearrest	Akseptearrest(e)	
Hy, sy, it	Akseptearret	Akseptearre	
Wy, jim, sy, jo	Akseptearje	Akseptearren	

to administrate

	Notiid	Doetiid	Mulwurd
Ik	administrearje	administrearre	administrearre
Dû	administrearrest	administrearrest(e)	
Hy, sy, it	administrearret	administrearre	
Wy, jim, sy, jo	administrearje	administrearren	

to admire

	Notiid	Doetiid	Mulwurd
Ik	bewûnderje	bewûndere	bewûndere
Dû	bewûnderest	bewûnderest(e)	
Hy, sy, it	bewûnderet	bewûndere	
Wy, jim, sy, jo	bewûnderje	bewûnderen	

to admit

	Notiid	Doetiid	Mulwurd
Ik	jou ta	joech ta	tajûn
Dû	joust ta	joechst ta	
Hy, sy, it	jout ta	joech ta	
Wy, jim, sy, jo	jouwe ta	joegen ta	

to adore, to worship

	Notiid	Doetiid	Mulwurd
Ik	oanbid	oanbidde	oanbidden
Dû	oanbidst	oanbiddest	
Hy, sy, it	oanbidt	oanbidde	
Wy, jim, sy, jo	oanbidde	oanbidden	

to advise

	Notiid	Doetiid	Mulwurd
Ik	advisearje	advisearre	advisearre
Dû	advisearrest	advisearrest(e)	
Hy, sy, it	advisearret	advisearre	
Wy, jim, sy, jo	advisearje	advisearren	

to alarm

	Notiid	Doetiid	Mulwurd
Ik	alarmearje	alarmearre	alarmearre
Dû	alarmearrest	alarmearrest(e)	
Hy, sy, it	alarmearret	alarmearre	
Wy, jim, sy, jo	alarmearje	alarmearren	

to amuse

	Notiid	Doetiid	Mulwurd
Ik	fermeitsje	fermakke	fermakke
Dû	fermakkest	fermakkest(e)	
Hy, sy, it	fermakket	fermakke	
Wy, jim, sy, jo	fermeitsje	fermakken	

to answer

	Notiid	Doetiid	Mulwurd
Ik	antwurdzje	antwurde	antwurde
Dû	antwurdest	antwurdest(e)	
Hy, sy, it	antwurdet	antwurde	
Wy, jim, sy, jo	atnwurdzje	antwurden	

to appear

	Notiid	Doetiid	Mulwurd
Ik	ferskyn	ferskynde	ferskynd
Dû	ferskynst	ferskyndest	
Hy, sy, it	ferskynt	ferskynde	
Wy, jim, sy, jo	ferskine	ferskynden	

to arrange

	Notiid	Doetiid	Mulwurd
Ik	regelje	regele	regele
Dû	regelest	regelest(e)	
Hy, sy, it	regelet	regele	
Wy, jim, sy, jo	regelje	regelen	

to ask

	Notiid	Doetiid	Mulwurd
Ik	freegje	frege	frege
Dû	fregest	fregest(e)	
Hy, sy, it	freget	frege	
Wy, jim, sy, jo	freegje	fregen	

to avenge

	Notiid	Doetiid	Mulwurd
Ik	wreek	wruts	wrutsen
Dû	wreekst	wrutst	
Hy, sy, it	wreekt	wruts	
Wy, jim, sy, jo	wreke	wrutsen	

to avoid

	Notiid	Doetiid	Mulwurd
Ik	ûntrin	ûntrûn	ûntrûn
Dû	ûntrinst	ûntrûnst	
Hy, sy, it	ûntrint	ûntrûn	
Wy, jim, sy, jo	ûntrinne	ûntrûnen	

to avoid

	Notiid	Doetiid	Mulwurd
Ik	mijd	mijde	mijd
Dû	mijst	mijdest	
Hy, sy, it	mijdt	mijde	
Wy, jim, sy, jo	mije	mijden	

to be

	Notiid	Doetiid	Mulwurd
Ik	bin	wie	west
Dû	bist	wiest	
Hy, sy, it	is	wie	
Wy, jim, sy, jo	binne	wiene(n)	

to be absent, to miss

	Notiid	Doetiid	Mulwurd
Ik	ûntbrek	ûntbruts	ûntbrutsen
Dû	ûntbrekst	ûntbrutst	
Hy, sy, it	ûntbrekt	ûntbruts	
Wy, jim, sy, jo	ûntbrekke	ûntbrutsen	

to be called

	Notiid	Doetiid	Mulwurd
Ik	hjit	hiet	hjitten
Dû	hjitst	hietst	
Hy, sy, it	hjit	hiet	
Wy, jim, sy, jo	hjitte	hieten	

to beat, to hit, to punch

	Notiid	Doetiid	Mulwurd
Ik	slach	sloech	slein
Dû	slachst	sloechst	
Hy, sy, it	slacht	sloech	
Wy, jim, sy, jo	slagge	sloegen	

to begin

	Notiid	Doetiid	Mulwurd
Ik	begjin	begûn	begûn
Dû	begjinst	begûnst	
Hy, sy, it	begjint	begûn	
Wy, jim, sy, jo	begjinne	begûne	

to believe

	Notiid	Doetiid	Mulwurd
Ik	leauw	leaude	leaud
Dû	leauwst	leaudest	
Hy, sy, it	leauwt	leaudest	
Wy, jim, sy, jo	leauwe	leauden	

to bend

	Notiid	Doetiid	Mulwurd
Ik	bûch	bûgde	bûgd
Dû	bûchst	bûgdest	
Hy, sy, it	bûcht	bûgde	
Wy, jim, sy, jo	bûge	bûgden	

to betray

	Notiid	Doetiid	Mulwurd
Ik	ferried	ferrette	ferret
Dû	ferriedst	ferettest	
Hy, sy, it	ferriedt	ferette	
Wy, jim, sy, jo	ferriede	ferette	

to better, to improve

	Notiid	Doetiid	Mulwurd
IK	ferbetterje	ferbettere	ferbettere
Dû	ferbetterest	ferbetterest(e)	
Hy, sy, it	ferbetteret	ferbettere	
Wy, jim, sy, jo	ferbetterje	ferbetteren	

to bind

	Notiid	Doetiid	Mulwurd
Ik	byn	bûn	bûn
Dû	bynst	bûnst	
Hy, sy, it	bynt	bûn	
Wy, jim, sy, jo	bine	bûnen	

to bite

	Notiid	Doetiid	Mulwurd
Ik	byt	biet	biten
Dû	bytst	bietst	
Hy, sy, it	byt	biet	
Wy, jim, sy, jo	bite	bieten	

to blame

	Notiid	Doetiid	Mulwurd
Ik	beskuldigje	beskuldige	beskuldige
Dû	beskuldigest	beskuldigest(e)	
Hy, sy, it	beskuldiget	beskuldige	
Wy, jim, sy, jo	beskuldigje	beskuldigen	

to bleed

	Notiid	Doetiid	Mulwurd
Ik	blied	blette	blet
Dû	bliedst	blettest	
Hy, sy, it	bliedt	blette	
Wy, jim, sy, jo	bliede	bletten	

to blow

	Notiid	Doetiid	Mulwurd
Ik	blaas	blies	blazen
Dû	blaast	bliest	
Hy, sy, it	blaast	blies	
Wy, jim, sy, jo	blaze	bliezen	

to blow one's nose

	Notiid	Doetiid	Mulwurd
Ik	snút	snuet	snute
Dû	snútst	snuetst	
Hy, sy, it	snút	snuet	
Wy, jim, sy, jo	snute	snueten	

to break

	Notiid	Doetiid	Mulwurd
Ik	brek	bruts	brutsen
Dû	brekst	brutst	
Hy, sy, it	brekt	bruts	
Wy, jim, sy, jo	brekke	brutsen	

to break up, to disconnect

	Notiid	Doetiid	Mulwurd
Ik	ferbrek	ferbruts	ferbrutsen
Dû	ferbrekst	ferbrutst	
Hy, sy, it	ferbrekt	ferbruts	
Wy, jim, sy, jo	ferbrekke	ferbrutsen	

to breathe

	Notiid	Doetiid	Mulwurd
Ik	sykhelje	sykhelle	sykhelle
Dû	sykhellest	sykhellest(e)	
Hy, sy, it	sykhellet	sykhelle	
Wy, jim, sy, jo	sykhelje	sykhellen	

to breed

	Notiid	Doetiid	Mulwurd
Ik	bried	brette	bret
Dû	briedst	brettest	
Hy, sy, it	briedt	brette	
Wy, jim, sy, jo	briede	bretten	

to bring

	Notiid	Doetiid	Mulwurd
Ik	bring	brocht	brocht
Dû	bringst	brochtst	
Hy, sy, it	bringt	brocht	
Wy, jim, sy, jo	bringe	brochten	

to brush

	Notiid	Doetiid	Mulwurd
Ik	boarstelje	boarstele	boarstele
Dû	boarstelst	boarstelst(e)	
Hy, sy, it	boarstelet	boarstele	
Wy, jim, sy, jo	boarstelje	boarstele	

to build

	Notiid	Doetiid	Mulwurd
Ik	bou	boude	boud
Dû	boust	boudest	
Hy, sy, it	bout	boude	
Wy, jim, sy, jo	bouwe	bouden	

to belch, to burp

	Notiid	Doetiid	Mulwurd
Ik	krôkje	krôke	krôk
Dû	krôkest	krôkest(e)	
Hy, sy, it	krôket	krôke	
Wy, jim, sy, jo	krôkje	krôken	

to burn

	Notiid	Doetiid	Mulwurd
Ik	brân	baarnde	baarnd
Dû	brânst	baarndest	
Hy, sy, it	brânt	baarnde	
Wy, jim, sy, jo	brâne	baarnden	

to bury

	Notiid	Doetiid	Mulwurd
Ik	begraaf	begroef	begroeven
Dû	begraafst	begroefst	
Hy, sy, it	begraaft	begroef	
Wy, jim, sy, jo	begrave	begroeven	

to buy

	Notiid	Doetiid	Mulwurd
Ik	keapje	kocht/koft	kocht
Dû	keapest	kochtst/koftst	
Hy, sy, it	keapet	kocht/koft	
Wy, jim, sy, jo	keapje	kochten/koften	

to calculate

	Notiid	Doetiid	Mulwurd
Ik	rekkenje	rekkene	rekkene
Dû	rekkenest	rekkenest(e)	
Hy, sy, it	rekkenet	rekkene	
Wy, jim, sy, jo	rekkenje	rekkenen	

to curse, to swear

	Notiid	Doetiid	Mulwurd
Ik	flok	flokte	flokt
Dû	flokst	floktest	
Hy, sy, it	flokt	flokte	
Wy, jim, sy, jo	flokte	flokten	

to curse, to swear

	Notiid	Doetiid	Mulwurd
Ik	skel	skold	skolden
Dû	skelst	skoldst	
Hy, sy, it	skelt	skold	
Wy, jim, sy, jo	skelle	skolden	

to call, to shout

	Notiid	Doetiid	Mulwurd
Ik	rop	rôp	roppen
Dû	ropst	rôpst	
Hy, sy, it	ropt	rôp	
Wy, jim, sy, jo	roppe	rôpen	

to call, to dial

	Notiid	Doetiid	Mulwurd
Ik	skilje	skille	skille
Dû	skillest	skillest(e)	
Hy, sy, it	skillet	skille	
Wy, jim, sy, jo	skilje	skillen	

to call, to dial

	Notiid	Doetiid	Mulwurd
Ik	belje	belle	belle
Dû	bellest	bellest(e)	
Hy, sy, it	bellet	belle	
Wy, jim, sy, jo	belje	bellen	

can

	Notiid	Doetiid	Mulwurd
Ik	kin	koe	kind
Dû	kinst	koest	
Hy, sy, it	kin	koe	
Wy, jim, sy, jo	kinne	koene(n)	

to capture, to take over

	Notiid	Doetiid	Mulwurd
Ik	feroverje	ferovere	ferovere
Dû	feroverest	feroverest(e)	
Hy, sy, it	feroveret	ferovere	
Wy, jim, sy, jo	feroverje	feroveren	

to carve

	Notiid	Doetiid	Mulwurd
Ik	kervje	kurf	kurven
Dû	kervest	kurfst	
Hy, sy, it	kervet	kurft	
Wy, jim, sy, jo	kervje	kurven	

to catch

	Notiid	Doetiid	Mulwurd
Ik	fang	fong	fongen
Dû	fangst	fongst	
Hy, sy, it	fangt	fong	
Wy, jim, sy, it	fange	fongen	

to cause

	Notiid	Doetiid	Mulwurd
Ik	feroarsaakje	feroarsake	feroarsake
Dû	feroarsakest	feroarsakest(e)	
Hy, sy, it	feroarsaket	feroarsake	
Wy, jim, sy, jo	feroarsaakje	feroarsaken	

to celebrate

	Notiid	Doetiid	Mulwurd
Ik	fier	fierde	fierd
Dû	fierst	fierdest	
Hy, sy, it	fiert	fierde	
Wy, jim, sy, jo	fiere	fierden	

to change

	Notiid	Doetiid	Mulwurd
Ik	feroarje	feroare	feroare
Dû	feroarest	feroarest(e)	
Hy, sy, it	feroaret	feroare	
Wy, jim, sy, jo	feroarje	feroaren	

to chase away

	Notiid	Doetiid	Mulwurd
Ik	ferjei	ferjage	ferjage
Dû	ferjeist	ferjagest	
Hy, sy, it	ferjeit	ferjage	
Wy, jim, sy, jo	ferjeie	ferjagen	

to chew

	Notiid	Doetiid	Mulwurd
Ik	kôgje	kôge	kôge
Dû	kôgest	kôgest(e)	
Hy, sy, it	kôget	kôge	
Wy, jim, sy, jo	kôgje	kôgen	

to choke

	Notiid	Doetiid	Mulwurd
Ik	smoar	smoarde	smoard
Dû	smoarst	smoardest	
Hy, sy, it	smoart	smoarde	
Wy, jim, sy, jo	smoarre	smoare	

to choose

	Notiid	Doetiid	Mulwurd
Ik	kies	keas	keazen
Dû	kiest	keast	
Hy, sy, it	kiest	keas	
Wy, jim, sy, jo	kieze	keazen	

to clean

	Notiid	Doetiid	Mulwurd
Ik	himmelje	himmele	himmele
Dû	himmelest	himmelest(e)	
Hy, sy, it	himmelet	himmele	
Wy, jim, sy, jo	himmelje	himmele	

to clean

	Notiid	Doetiid	Mulwurd
Ik	skjinje	skjinne	skjinne
Dû	skjinnest	skjinnest(e)	
Hy, sy, it	skjinnet	skjinne	
Wy, jim, sy, jo	skjinje	skjinne	

to collect, to gather

	Notiid	Doetiid	Mulwurd
Ik	sammelje	sammele	sammele
Dû	sammelest	sammlest(e)	
Hy, sy, it	sammelet	sammele	
Wy, jim, sy, jo	sammelje	sammelen	

to combat

	Notiid	Doetiid	Mulwurd
Ik	bestriid	bestried	bestriden
Dû	bestriidst	bestriedst	
Hy, sy, it	bestiidt	bestried	
Wy, jim, sy, jo	bestride	bestrieden	

to come

	Notiid	Doetiid	Mulwurd
Ik	kom	kaam	kaam
Dû	komst	kaamst	
Hy, sy, it	komt	kaam	
Wy, jim, sy, jo	komme	kamen	

to come into being

	Notiid	Doetiid	Mulwurd
Ik	ûntstean	ûntstie	ûntstien
Dû	ûntstiest	ûntstiest(e)	
Hy, sy, it	ûntstiet	ûntstie	
Wy, jim, sy, jo	ûntsteane	ûntstiene(n)	

to commit

	Notiid	Doetiid	Mulwurd
Ik	begean	begie	begien
Dû	begiest	begiest(e)	
Hy, sy, it	begiet	begie	
Wy, jim, sy, jo	begeane	begiene(e)	

to communicate

	Notiid	Doetiid	Mulwurd
Ik	kommunisearje	kommunisearre	kommunisearre
Dû	kommunisearrest	kommunisearrest(e)	
Hy, sy, it	kommunisearret	kommunisearre	
Wy, jim, sy, jo	kommunisearje	kommunisearren	

to compare

	Notiid	Doetiid	Mulwurd
Ik	ferlykje	ferlike	ferliken
Dû	ferlikest	ferlikest(e)	
Hy, sy, it	ferliket	ferlike	
Wy, jim, sy, jo	ferlykje	ferliken	

to complain, to whine

	Notiid	Doetiid	Mulwurd
Ik	klei	klage	klage
Dû	kleist	klagest	
Hy, sy, it	kleit	klage	
Wy, jim, sy, jo	kleine	klagen	

to complain, to whine

	Notiid	Doetiid	Mulwurd
Ik	eamelje	eamele	eamele
Dû	eamelest	eamelest(e)	
Hy, sy, it	eamelet	eamele	
Wy, jim, sy, jo	eamelje	eamelen	

to connect, to link

	Notiid	Doetiid	Mulwurd
Ik	ferbyn	ferbûn	ferbûn
Dû	ferbynst	ferbûnst	
Hy, sy, it	ferbynt	ferbûn	
Wy, jim, sy, jo	ferbine	ferbûnen	

to consider

	Notiid	Doetiid	Mulwurd
Ik	beskôgje	beskôge	beskôge
Dû	beskôgest	beskôgest(e)	
Hy, sy, it	beskôget	beskôge	
Wy, jim, sy, jo	beskôgje	beskôgen	

to contain

	Notiid	Doetiid	Mulwurd
Ik	befetsje	befette	befette
Dû	befettest	befettest(e)	
Hy, sy, it	befettet	befette	
Wy, jim, sy, jo	befetsje	befetten	

to convince

	Notiid	Doetiid	Mulwurd
Ik	oertsjûgje	oertsjûge	oertsjûge
Dû	oertsjûgest	oertsjûgest(e)	
Hy, sy, it	oertsjûget	oertsjûget	
Wy, jim, sy, jo	oerstjûgje	oertsjûgen	

to cook

	Notiid	Doetiid	Mulwurd
Ik	sied	sea	sean
Dû	siedst	seast	
Hy, sy, it	siedt	sea	
Wy, jim, sy, jo	siede	seane(n)	

to correct

	Notiid	Doetiid	Mulwurd
Ik	korrizjearje	korrizjearre	korrizjearre
Dû	korrizjearrest	korrizjearrest(e)	
Hy, sy, it	korrizjearret	korrizjearre	
Wy, jim, sy, jo	korrizjearje	korrizjearren	

to cover

	Notiid	Doetiid	Mulwurd
Ik	dek	duts	dutsen
Dû	dekst	dutst	
Hy, sy, it	dekt	duts	
Wy, jim, sy, jo	dekke	dutsen	

to cover up

	Notiid	Doetiid	Mulwurd
Ik	bedek	beduts	bedutsen
Dû	bedekst	bedutst	
Hy, sy, it	bedekt	beduts	
Wy, jim, sy, jo	bdekke	beduts	

to crawl, to hug

	Notiid	Doetiid	Mulwurd
Ik	krûp	kroep	krûpt
Dû	krûpst	kroepst	
Hy, sy, it	krûpt	kroep	
Wy, jim, sy, jo	krûpe	kroepen	

to create

	Notiid	Doetiid	Mulwurd
Ik	skep	skoep	skept
Dû	skepst	skoepst	
Hy, sy, it	skept	skoep	
Wy, jim, sy, jo	skeppe	skoepen	

to cry

	Notiid	Doetiid	Mulwurd
Ik	gûl	gûlde	gûld
Dû	gûlst	gûldest	
Hy, sy, it	gûlt	gûlde	
Wy, jim, sy, jo	gûle	gûlden	

to cut

	Notiid	Doetiid	Mulwurd
Ik	snij	snie	snien
Dû	snijst	sniest	
Hy, sy, it	snijt	snie	
Wy, jim, sy, jo	snije	sniene(n)	

to dance

	Notiid	Doetiid	Mulwurd
Ik	dûnsje	dûnse	dûnse
Dû	dûnsest	dûnsest(e)	
Hy, sy, it	dûnset	dûnse	
Wy, jim, sy, jo	dûnsje	dûnse	

to dare

	Notiid	Doetiid	Mulwurd
Ik	doar	doarde	doard
Dû	doarst	doarst(e)	
Hy, sy, it	doart	doarde	
Wy, jim, sy, jo	doare	doarden	

to darken

	Notiid	Doetiid	Mulwurd
Ik	fertsjusterje	fertsjustere	fertsjustere
Dû	fertsjusterest	fertsjusterest(e)	
Hy, sy, it	fertsjusteret	fertsjustere	
Wy, jim, sy, jo	fertsjusterje	fertsjusteren	

to deafen

	Notiid	Doetiid	Mulwurd
Ik	ferdôvje	ferdôve	ferdôve
Dû	ferdôvest	ferdôvest(e)	
Hy, sy, it	ferdôvet	ferdôve	
Wy, jim, sy, jo	ferdôvje	ferdôven	

to defeat

	Notiid	Doetiid	Mulwurd
Ik	ferslach	fersloech	ferslein
Dû	ferslachst	fersloechst	
Hy, sy, it	ferslacht	fersloech	
Wy, jim, sy, jo	ferslagge	fersloegen	

to deceive

	Notiid	Doetiid	Mulwurd
Ik	ferrifelje	ferrifele	ferrifele
Dû	ferrifelest	ferrifelest(e)	
Hy, sy, it	ferrifelet	ferrifele	
Wy, jim, sy, jo	ferrifelje	ferrifelen	

to decide

	Notiid	Doetiid	Mulwurd
Ik	beslút	besleat	besletten
Dû	beslútst	besleatst	
Hy, sy, it	beslút	besleat	
Wy, jim, sy, jo	beslute	besleaten	

to declare

	Notiid	Doetiid	Mulwurd
Ik	ferklearje	ferklearre	ferklearre
Dû	ferklearrest	ferklearrest(e)	
Hy, sy, it	ferklearret	ferklearre	
Wy, jim, sy, jo	ferklearje	ferklearren	

to defend

	Notiid	Doetiid	Mulwurd
Ik	ferdigenje	ferdigene	ferdigene
Dû	ferdigenest	ferdigenest(e)	
Hy, sy, it	ferdigenet	ferdigene	
Wy, jim, sy, jo	ferdigenje	ferdigenen	

to deliver

	Notiid	Doetiid	Mulwurd
Ik	besoargje	besoarge	besoarge
Dû	besoargest	besoargest(e)	
Hy, sy, it	besoarget	besoarge	
Wy, jim, sy, jo	besoargje	besoargen	

to demand

	Notiid	Doetiid	Mulwurd
Ik	easkje	easkje	easke
Dû	easkest	easkest(e)	
Hy, sy, it	easket	easke	
Wy, jim, sy, jo	easken	easken	

to describe

	Notiid	Doetiid	Mulwurd
Ik	beskriuw	beskreau	beskreaun
Dû	beskriuwst	beskreaust	
Hy, sy, it	beskriuwt	beskreaut	
Wy, jim, sy, jo	beskriuwe	beskreaune(n)	

to destroy

	Notiid	Doetiid	Mulwurd
Ik	ferneatigje	ferneatige	ferneatige
Dû	ferneatigest	ferneatigest(e)	
Hy, sy, it	ferneatiget	ferneatige	
Wy, jim, sy, jo	ferneatigje	ferneatigen	

to develop

	Notiid	Doetiid	Mulwurd
Ik	ûntwikkelje	ûntwikkele	ûntwikkele
Dû	ûntwikkelest	ûntwikkelest(e)	
Hy, sy, it	ûntwikkelet	ûntwikkele	
Wy, jim, sy, jo	ûntwikkelje	ûntwikkelen	

to devise

	Notiid	Doetiid	Mulwurd
Ik	betink	betocht	betocht
Dû	betinkst	betochst	
Hy, sy, it	betinkt	betocht	
Wy, jim, sy, jo	betinke	betochten	

to die

	Notiid	Doetiid	Mulwurd
Ik	stjer	stoar	stoarn
Dû	stjerst	stoarst	
hy, sy, it	stjert	stoar	
Wy, jim, sy, jo	stjerre	stoaren	

to die (formal)

	Notiid	Doetiid	Mulwurd
Ik	ferstjer	ferstoar	ferstoarn
Dû	ferstjerst	ferstoarst	
Hy, sy, it	ferstjert	ferstoar	
Wy, jim, sy, jo	ferstjerre	ferstoaren	

to die of

	Notiid	Doetiid	Mulwurd
Ik	bestjer	bestoar	bestoarn
Dû	bestjerst	bestoarst	
Hy, sy, it	bestjert	bestoar	
Wy, jim, sy, jo	bestjerre	bestoaren	

to dig

	Notiid	Doetiid	Mulwurd
Ik	graaf	groef	groeven
Dû	graafst	groefst	
Hy, sy, it	graaft	groef	
Wy, jim, sy, jo	grave	groeven	

to digest

	Notiid	Doetiid	Mulwurd
Ik	fertarje	fertarre	fertarre
Dû	fertarrest	fertarrest(e)	
Hy, sy, it	fertarret	fertarre	
Wy, jim, sy, jo	fertarje	fertarren	

to disappear, to vanish

	Notiid	Doetiid	Mulwurd
Ik	ferdwyn	ferdwûn	ferdwûn
Dû	ferdwynst	ferdwûnst	
Hy, sy, it	ferdwynt	ferdwûn	
Wy, jim, sy, jo	ferdwine	ferdwûnen	

to discourage

	Notiid	Doetiid	Mulwurd
Ik	ûntried	ûntrette	ûntret
Dû	ûntriedst	ûntrettest	
Hy, sy, it	ûntriedt	ûntrette	
Wy, jim, sy, jo	ûntriede	ûntretten	

to discover, to uncover

	Notiid	Doetiid	Mulwurd
Ik	ûntdek	ûntduts	ûntdutsen
Dû	ûntdekst	ûntdutst	
Hy, sy, it	ûntdekt	ûntduts	
Wy, jim, sy, jo	ûntdekke	ûntdutsen	

to distinguish

	Notiid	Doetiid	Mulwurd
Ik	ûnderskied	ûnderskiede	ûnderskieden
Dû	ûnderskiedst	ûnderskiedest	
Hy, sy, it	ûnderskiedt	ûnderskiede	
Wy, jim, sy, jo	ûnderskiede	ûnderskieden	

to dive

	Notiid	Doetiid	Mulwurd
Ik	dûk	doek	dûkt
Dû	dûkst	doekst	
Hy, sy, it	dûkt	doek	
Wy, jim, sy, jo	dûke	doeken	

to divide

	Notiid	Doetiid	Mulwurd
Ik	ferdiel	ferdielde	ferdield
Dû	ferdielst	ferdieldest	
Hy, sy, it	ferdielt	ferdielde	
Wy, jim, sy, jo	ferdiele	ferdielden	

to do

	Notiid	Doetiid	Mulwurd
Ik	doch	die	dien
Dû	dochst	diest	
Hy, sy, it	docht	die	
Wy, jim, sy, jo	dogge	diene(n)	

to dodge

	Notiid	Doetiid	Mulwurd
Ik	ûntdûk	ûntdoek	ûntdûkt
Dû	ûntdûkst	ûntdoekst	
Hy, sy, it	ûntdûkt	ûntdoek	
Wy, jim, sy, jo	ûntdûke	ûntdoeken	

to dodge, to avoid

	Notiid	Doetiid	Mulwurd
Ik	ûntwyk	ûntwiek	ûntwykt
Dû	ûntwykst	ûntwiekst	
Hy, sy, it	ûntwykt	ûntwiek	
Wy, jim, sy, jo	ûntwike	ûntwieken	

to dominate

	Notiid	Doetiid	Mulwurd
Ik	oerhearskje	oerhearske	oerhearske
Dû	oerhearkest	oerhearkest(e)	
Hy, sy, it	oerhearsket	oerhearske	
Wy, jim, sy, jo	oerhearskje	oerhearsken	

to double

	Notiid	Doetiid	Mulwurd
Ik	ferdûbelje	ferdûbele	ferdûbele
Dû	ferdûbelest	ferdûbelest(e)	
Hy, sy, it	ferdûbelet	ferdûbele	
Wy, jim, sy, jo	ferdûbelje	ferdûbelen	

to drag, to tow

	Notiid	Doetiid	Mulwurd
Ik	tôgje	tôge	tôge
Dû	tôgest	tôgest(e)	
Hy, sy, it	tôget	tôge	
Wy, jim, sy, jo	tôgje	tôgen	

to draw

	Notiid	Doetiid	Mulwurd
Ik	tekenje	tekene	tekene
Dû	tekenest	tekenest(e)	
Hy, sy, it	tekenet	tekene	
Wy, jim, sy, jo	tekenje	tekenen	

to dream

	Notiid	Doetiid	Mulwurd
Ik	dream	dreamde	dreamd
Dû	dreamst	dreamdest	
Hy, sy, it	dreamt	dreamde	
Wy, jim, sy, jo	dreame	dreamden	

to dress up

	Notiid	Doetiid	Mulwurd
Ik	ferklaai	ferklaaide	ferklaaid
Dû	ferklaaist	ferklaaidest	
Hy, sy, it	ferklaait	ferklaaide	
Wy, jim, sy, jo	ferklaaie	ferklaaiden	

to drink

	Notiid	Doetiid	Mulwurd
Ik	drink	dronk	dronken
Dû	drinkst	dronkst	
Hy, sy, it	drinkt	dronk	
Wy, jim, sy, jo	drinke	dronken	

to drown

	Notiid	Doetiid	Mulwurd
Ik	ferdrink	ferdronk	ferdronken
Dû	ferdrinkst	ferdronkst	
Hy, sy, it	ferdrinkt	ferdronk	
Wy, jim, sy, jo	ferdrinke	ferdronken	

to earn

	Notiid	Doetiid	Mulwurd
Ik	fertsjinje	fertsjinne	fertsjinne
Dû	fertsjinnest	fertsjinnest(e)	
Hy, sy, it	fertsjinnet	fertsjinne	
Wy, jim, sy, jo	fertsjinje	fertsjinnen	

to eat

	Notiid	Doetiid	Mulwurd
Ik	yt	iet	iten
Dû	ytst	ietst	
Hy, sy, it	yt	iet	
Wy, jim, sy, jo	ite	ieten	

to eat like an animal

	Notiid	Doetiid	Mulwurd
Ik	fret	friet	fretten
Dû	fretst	frietst	
Hy, sy, it	fret	friet	
Wy, jim, sy, jo	frette	frieten	

to economize, to save

	Notiid	Doetiid	Mulwurd
Ik	sparje	sparre	sparre
Dû	sparrest	sparrest(e)	
Hy, sy, it	sparret	sparre	
Wy, jim, sy, jo	sparje	sparren	

to embrace

	Notiid	Doetiid	Mulwurd
Ik	omearmje	omearme	omearme
Dû	omearmest	omearmest(e)	
Hy, sy, it	omearmet	omearme	
Wy, jim, sy, jo	omearmje	omearmen	

to end

	Notiid	Doetiid	Mulwurd
Ik	eindigje	einige	einige
Dû	einigest	einigest(e)	
Hy, sy, it	einiget	einige	
Wy, jim, sy, jo	einigje	einigen	

to endure

	Notiid	Doetiid	Mulwurd
Ik	ferduorje	ferduorre	ferduorre
Dû	ferduorrest	ferduorrest(e)	
Hy, sy, it	ferduorret	ferduorre	
Wy, jim, sy, jo	ferduorje	ferduorren	

to enjoy

	Notiid	Doetiid	Mulwurd
Ik	genietsje	genoat	genoaten
Dû	genietest	genoatst	
Hy, sy, it	genietet	genoat	
Wy, jim, sy, jo	genietsje	genoaten	

to escalate

	Notiid	Doetiid	Mulwurd
Ik	eskalearje	eskalearre	eskalearre
Dû	eskalearrest	eskalearrest(e)	
Hy, sy, it	eskalearret	eskalearre	
Wy, jim, sy, jo	eskalearje	eskalearren	

to escape, to get away

	Notiid	Doetiid	Mulwurd
Ik	ûntkom	ûntkaam	ûntkaam
Dû	ûntkomst	ûntkaamst	
Hy, sy, it	ûntkom	ûntkaam	
Wy, jim, sy, jo	ûntkomme	ûntkame	

to establish

	Notiid	Doetiid	Mulwurd
Ik	fêstigje	fêstige	fêstige
Dû	fêstigest	fêstigest(e)	
Hy, sy, it	fêstiget	fêstige	
Wy, jim, sy, jo	fêstigje	fêstige	

to exaggerate

	Notiid	Doetiid	Mulwurd
Ik	oerdriuw	oerdreau	oerdreaun
Dû	oerdriuwst	oerdreaust	
Hy, sy, it	oerdriuwt	oerdreau	
Wy, jim, sy, jo	oerdriuwe	oerdreaune(n)	

to exist

	Notiid	Doetiid	Mulwurd
Ik	bestean	bestie	bestien
Dû	bestiest	bestiest(e)	
Hy, sy, it	bestiet	bestie	
Wy, jim, sy, jo	besteane	bestiene(n)	

to expect

	Notiid	Doetiid	Mulwurd
Ik	ferwachtsje	ferwachte	ferwachte
Dû	ferwachtest	ferwachtest(e)	
Hy, sy, it	ferwachtet	ferwachte	
Wy, jim, sy, jo	ferwachtsje	ferwachten	

to fail

	Notiid	Doetiid	Mulwurd
Ik	mislearje	mislearre	mislearre
Dû	mislearrest	mislearrest(e)	
Hy, sy, it	mislearret	mislearre	
Wy, jim, sy, jo	mislearje	mislearren	

to fall

	Notiid	Doetiid	Mulwurd
Ik	fal	foel	fallen
Dû	falst	foelst	
Hy, sy, it	falt	foel	
Wy, jim, sy, jo	falle	foelen	

to falsify

	Notiid	Doetiid	Mulwurd
Ik	ferfalskje	ferfalske	ferfalske
Dû	ferfalskest	ferfalskest(e)	
Hy, sy, it	ferfalsket	ferfalske	
Wy, jim, sy, jo	ferfalskje	ferfalsken	

to farm, to burp

	Notiid	Doetiid	Mulwurd
Ik	buorkje	buorke	buorke
Dû	buorkest	buorkest(e)	
Hy, sy, it	buorket	buorke	
Wy, jim, sy, jo	buorkje	buorken	

to feed

	Notiid	Doetiid	Mulwurd
Ik	fied	fette	fet
Dû	fiedst	fettest	
Hy, sy, it	fiedt	fette	
Wy, jim, sy, jo	fiede	fetten	

to feed

	Notiid	Doetiid	Mulwurd
Ik	fuorje	fuorre	fuorre
Dû	fuorrest	fuorrest(e)	
Hy, sy, it	fuorret	fuorre	
Wy, jim, sy, jo	fuorje	fuorre	

to feel

	Notiid	Doetiid	Mulwurd
Ik	fiel	field	field
Dû	fielst	fieldest	
Hy, sy, it	fielt	fielde	
Wy, jim, sy, jo	fiele	fielde	

to fight

	Notiid	Doetiid	Mulwurd
Ik	fjochtsje	focht	fochten
Dû	fjochtest	fochtst	
Hy, sy, it	fjochtet	focht	
Wy, jim, sy, jo	fjochtsje	fochten	

to find

	Notiid	Doetiid	Mulwurd
Ik	fyn	fûn	fûn
Dû	fynst	fûnst	
Hy, sy, it	fynt	fûn	
Wy, jim, sy, jo	fine	fûnen	

to find oneself

	Notiid	Doetiid	Mulwurd
Ik	befyn	befûn	befûn
Dû	befynst	befûnst	
Hy, sy, it	befyn	befûn	
Wy, jim, sy, jo	befine	befûnen	

to fire someone

	Notiid	Doetiid	Mulwurd
Ik	ûntslach	ûntsloech	ûntslein
Dû	ûntslachst	ûntsloechst	
Hy, sy, it	ûntslacht	ûntsloecht	
Wy, jim, sy, jo	ûntslagge	ûntsloegen	

to fish

	Notiid	Doetiid	Mulwurd
Ik	fiskje	fiske	fiske
Dû	fiskest	fiskest(e)	
Hy, sy, it	fisket	fiske	
Wy, jim, sy, jo	fiskje	fisken	

to flee

	Notiid	Doetiid	Mulwurd
Ik	flechtsje	flochte	flechte
Dû	flechtest	flochtest	
Hy, sy, it	flecht	flochte	
Wy, jim, sy, jo	flechtsje	flochten	

to fly

	Notiid	Doetiid	Mulwurd
Ik	flean	fleach	flein
Dû	fjochst	fleachst	
Hy, sy, it	fljocht	fleach	
Wy, jim, sy, jo	fleane	fleagen	

to follow

	Notiid	Doetiid	Mulwurd
Ik	folgje	folge	folge
Dû	folgest	folgest(e)	
Hy, sy, it	folget	folge	
Wy, jim, sy, jo	folgje	folgen	

to forbid

	Notiid	Doetiid	Mulwurd
Ik	ferbied	ferbea	ferbean
Dû	ferbiedst	ferbeast	
Hy, sy, it	ferbiedt	ferbea	
Wy, jim, sy, jo	ferbiede	ferbeane(n)	

to force

	Notiid	Doetiid	Mulwurd
Ik	twing	twong	twongen
Dû	twingst	twongst	
Hy, sy, it	twingt	twong	
Wy, jim, sy, jo	twinge	twongen	

to foresee

	Notiid	Doetiid	Mulwurd
Ik	foarsjoch	foarseach	foarsjoen
Dû	foarsjochst	foarseachst	
Hy, sy, it	foarsjocht	foarseach	
Wy, jim, sy, jo	foarsjogge	foarseagen	

to forget

	Notiid	Doetiid	Mulwurd
Ik	ferjit	fergeat	ferjitten
Dû	ferjitst	fergeat	
Hy, sy, it	ferjit	fergeat	
Wy, jim, sy, jo	ferjitte	fergeaten	

to forgive

	Notiid	Doetiid	Mulwurd
Ik	ferjou	ferjoech	ferjûn
Dû	ferjoust	ferjoechst	
Hy, sy, it	ferjout	ferjoech	
Wy, jim, sy, jo	ferjouwe	ferjoegen	

to form

	Notiid	Doetiid	Mulwurd
Ik	foarmje	foarme	foarme
Dû	foarmest	foarmest(e)	
Hy, sy, it	foarmet	foarme	
Wy, jim, sy, jo	foarmje	foarmen	

to free, to liberate, to set free

	Notiid	Doetiid	Mulwurd
Ik	befrij	befrijde	befrijd
Dû	befrijst	befrijdest	
Hy, sy, it	befrijt	befrijde	
Wy, jim, sy, jo	befrije	befrijden	

to freeze

	Notiid	Doetiid	Mulwurd
Ik	befries	befrear	beferzen
Dû	befriest	befrearst	
Hy, sy, it	befries	befrear	
Wy, jim, sy, jo	befrieze	befrearen	

to fulfill

	Notiid	Doetiid	Mulwurd
Ik	ferfolje	ferfolle	ferfolle
Dû	ferfollest	ferfollest(e)	
Hy, sy, it	ferfollet	ferfolle	
Wy, jim, sy, jo	ferfolje	ferfollen	

to function

	Notiid	Doetiid	Mulwurd
Ik	funksjonearje	funksjonearre	funksjonearre
Dû	funksjonearrest	funksjonearrest(e)	
Hy, sy, it	funksjonearret	funksjonearre	
Wy, jim, sy, jo	funksjonearje	funksjonearren	

to fuse

	Notiid	Doetiid	Mulwurd
Ik	fusearje	fusearre	fusearre
Dû	fusearrest	fusearrest(e)	
Hy, sy, it	fusearret	fusearre	
Wy, jim, sy, jo	fusearje	fusearren	

to generate

	Notiid	Doetiid	Mulwurd
Ik	generearje	generearre	generearre
Dû	generearrest	generearrest(e)	
Hy, sy, it	generearret	generearre	
Wy, jim, sy, jo	generearje	generearren	

to get

	Notiid	Doetiid	Mulwurd
Ik	krij	krige	krigen
Dû	krijst	krigest	
Hy, sy, it	krijt	krige	
Wy, jim, sy, jo	krije	krigen	

to get

	Notiid	Doetiid	Mulwurd
Ik	helje	helle	helle
Dû	hellest	hellest(e)	
Hy, sy, it	hellet	helle	
Wy, jim, sy, jo	helje	hellen	

to get used to

	Notiid	Doetiid	Mulwurd
Ik	wen	wende	wend
Dû	wenst	wendest	
Hy, sy, it	went	wende	
Wy, jim, sy, jo	wenne	wenden	

to give

	Notiid	Doetiid	Mulwurd
Ik	jou	joech	jûn
Dû	joust	joechst	
Hy, sy, it	jout	joech	
Wy, jim, sy, jo	jouwe	joegen	

to give birth

	Notiid	Doetiid	Mulwurd
Ik	befal	befoel	befallen
Dû	befalst	befoelst	
Hy, sy, it	befalt	befoel	
Wy, jim, sy, jo	befalle	befoelen	

to glide, to slide

	Notiid	Doetiid	Mulwurd
Ik	glydzje	glied	glide
Dû	glidest	gliedst	
Hy, sy, it	glidet	glied	
Wy, jim, sy, jo	glydzje	glieden	

to glorify

	Notiid	Doetiid	Mulwurd
Ik	ferhearlikje	ferhearlike	ferhearlike
Dû	ferhearlikest	ferhearlikest(e)	
Hy, sy, it	ferhearliket	ferhearlike	
Wy, jim, sy, jo	ferhearlikje	ferhearliken	

to go

	Notiid	Doetiid	Mulwurd
Ik	gean	gie	gien
Dû	giest	giest(e)	
Hy, sy, it	giet	gie	
Wy, jim, so, jo	geane	giene(n)	

to go bad, to ruin

	Notiid	Doetiid	Mulwurd
Ik	bedjer	bedoar	bedoarn
Dû	bedjerst	bedoarst	
Hy, sy, it	bedjert	bedoar	
Wy, jim, sy, jo	bedjerre	bedoaren	

to go under, to perish, to rot

	Notiid	Doetiid	Mulwurd
Ik	fergean	fergie	fergien
Dû	fergiest	fergiest(e)	
Hy, sy, it	fergiet	fergie	
Wy, jim, sy, jo	fergeane	fergiene(n)	

to govern

	Notiid	Doetiid	Mulwurd
Ik	regearje	regearre	regearre
Dû	regearrest	regearrest(e)	
Hy, sy, it	regearret	regearre	
Wy, jim, sy, jo	regearje	regearren	

to grasp, to grab

	Notiid	Doetiid	Mulwurd
Ik	gryp	greep	grepen
Dû	grypst	greepst	
Hy, sy, it	grypt	greep	
Wy, jim, sy, jo	gripe	grepen	

to greet

	Notiid	Doetiid	Mulwurd
Ik	groetsje	groete	groete
Dû	groetest	groetest(e)	
Hy, sy, it	groetet	groete	
Wy, jim, sy, jo	groetsje	groeten	

to grin

	Notiid	Doetiid	Mulwurd
Ik	gnyskje	gnyske	gnyske
Dû	gnyskest	gnyskest(e)	
Hy, sy, it	gnysket	gnyske	
Wy, jim, sy, jo	gnyskje	gnysken	

to grow

	Notiid	Doetiid	Mulwurd
Ik	waaks	woeks	woeksen
Dû	waakst	woekst	
Hy, sy, it	waakst	woek	
Wy, jim, sy, jo	waakse	woeksen	

to guard

	Notiid	Doetiid	Mulwurd
Ik	beweitsje	bewekke	bewekke
Dû	bewekkest	bewekkest(e)	
Hy, sy, it	bewekket	bewekke	
Wy, jim, sy, jo	beweitsje	bewekken	

to guess

	Notiid	Doetiid	Mulwurd
Ik	ried	rette	ret
Dû	riedst	rettest	
Hy, sy, it	riedt	rette	
Wy, jim, sy, jo	riede	retten	

to guzzle, to drink

	Notiid	Doetiid	Mulwurd
Ik	sûp	sûpte	sûpt
Dû	sûpst	sûptest	
Hy, sy, it	sûpt	sûpte	
Wy, jim, sy, jo	sûpe	sûpten	

to handle

	Notiid	Doetiid	Mulwurd
Ik	hantearje	hantearre	hantearre
Dû	hantearrest	hantearrest(e)	
Hy, sy, it	hantearret	hantearre	
Wy, jim, sy, jo	hantearje	hantearren	

to handle, to serve, to operate

	Notiid	Doetiid	Mulwurd
Ik	betsjinje	betsjinne	betsjinne
Dû	betsjinnest	betsjinnest(e)	
Hy, sy, it	betsjinnet	betsjinne	
Wy, jim, sy, jo	betsjinje	betsjinnen	

to hang

	Notiid	Doetiid	Mulwurd
Ik	hingje	hong	hongen
Dû	hingest	hongst	
Hy, sy, it	hinget	hong	
Wy, jim, sy, jo	hingje	hongen	

to harm

	Notiid	Doetiid	Mulwurd
Ik	skeadzje	skeade	skeade
Dû	skeadest	skeadest(e)	
Hy, sy, it	skeadet	skeade	
Wy, jim, sy, jo	skeadzje	skeaden	

to hate

	Notiid	Doetiid	Mulwurd
Ik	haatsje	hate	haat
Dû	haatst	hatest	
Hy, sy, it	haat	hate	
Wy, jim, sy, jo	haatsje	haten	

to have

	Notiid	Doetiid	Mulwurd
Ik	haw	hie	hân
Dû	hast	hiest	
Hy, sy, it	hat	hie	
Wy, jim, sy, jo	hawwe	hiene(n)	

to hear

	Notiid	Doetiid	Mulwurd
Ik	hear	hearde	heard
Dû	hearst	heardest	
Hy, sy, it	heart	heardest	
Wy, jim, sy, jo	hearre	hearden	

to help

	Notiid	Doetiid	Mulwurd
Ik	help	holp	holpen
Dû	helpst	holpst	
Hy, sy, it	helpt	holp	
Wy, jim, sy, jo	helpe	holpen	

to hide

	Notiid	Doetiid	Mulwurd
Ik	ferstopje	ferstopte	ferstopt
Dû	ferstoppest	ferstoptest	
Hy, sy, it	ferstoppet	ferstopte	
Wy, jim, sy, jo	ferstopje	ferstopten	

to hide (an object)

	Notiid	Doetiid	Mulwurd
Ik	ferbergje	ferburch	ferburgen
Dû	ferbergest	ferburchst	
Hy, sy, it	ferberget	ferburch	
Wy, jim, sy, jo	ferbergje	ferburge	

to hinder

	Notiid	Doetiid	Mulwurd
Ik	hinderje	hindere	hindere
Dû	hinderest	hinderest(e)	
Hy, sy, it	hinderet	hindere	
Wy, jim, sy, jo	hinderje	hinderen	

to hire, to rent

	Notiid	Doetiid	Mulwurd
Ik	hier	hierde	hierd
Dû	hierst	hierdest	
Hy, sy, it	hiert	hierde	
Wy, jim, sy, jo	hiere	hierde	

to honor

	Notiid	Doetiid	Mulwurd
Ik	earje	eare	eare
Dû	earest	earest(e)	
Hy, sy, it	earet	eare	
Wy, jim, sy, jo	earje	earen	

to hope

	Notiid	Doetiid	Mulwurd
Ik	hoopje	hope	hope
Dû	hopest	hopest(e)	
Hy, sy, it	hopet	hope	
Wy, jim, sy, jo	hoopje	hopen	

to humiliate

	Notiid	Doetiid	Mulwurd
Ik	fernederje	fernedere	fernedere
Dû	fernederest	fernederest(e)	
Hy, sy, it	fernederet	fernedere	
Wy, jim, sy, jo	fernederje	fernederen	

to hunt

	Notiid	Doetiid	Mulwurd
Ik	jei	jage	jage
Dû	jeist	jagest	
Hy, sy, it	jeit	jage	
Wy, jim, sy, jo	jeie	jagen	

to hurt

	Notiid	Doetiid	Mulwurd
Ik	pinigje	pinige	pinige
Dû	pinigest	pinigest(e)	
Hy, sy, it	piniget	pinige	
Wy, jim, sy, jo	pinigje	pinigen	

to ignore, to negate

	Notiid	Doetiid	Mulwurd
Ik	negearje	negearre	negearre
Dû	negearrest	negearrest(e)	
Hy, sy, it	negearret	negearre	
Wy, jim, sy, jo	negearje	negearren	

to inform

	Notiid	Doetiid	Mulwurd
Ik	ynformearje	ynformearre	ynformearre
Dû	ynformearrest	ynformearrest(e)	
Hy, sy, it	ynformearret	ynformearre	
Wy, jim, sy, jo	ynformearje	ynformearren	

to inherit

	Notiid	Doetiid	Mulwurd
Ik	ervje	urf	urven
Dû	ervest	urfst	
Hy, sy, it	ervet	urf	
Wy, jim, sy, jo	ervje	urven	

to inspect

	Notiid	Doetiid	Mulwurd
Ik	ynspektearje	ynspektearre	ynspektearre
Dû	ynspektearrest	ynspektearrest(e)	
Hy, sy, it	ynspektearret	ynspektearre	
Wy, jim, sy, jo	ynspektearje	ynspektearren	

to interrupt

	Notiid	Doetiid	Mulwurd
Ik	ûnderbrek	ûnderbruts	ûnderbrutsen
Dû	ûnderbrekst	ûnderbrutst	
Hy, sy, it	ûnderbrekt	ûnderbrutst	
Wy, jim, sy, jo	ûnderbrekke	ûnderbrutsen	

to involve

	Notiid	Doetiid	Mulwurd
Ik	belûk	beluts	belutsen
Dû	belûkst	belutst	
Hy, sy, it	belûkt	beluts	
Wy, jim, sy, jo	belûke	belutsen	

to judge

	Notiid	Doetiid	Mulwurd
Ik	oardielje	oardiele	oardield
Dû	oardielest	oardielest(e)	
Hy, sy, it	oardielet	oardiele	
Wy, jim, sy, jo	oardielje	oardielen	

to jump

	Notiid	Doetiid	Mulwurd
Ik	spring	sprong	sprongen
Dû	springst	sprongst	
Hy, sy, it	springt	sprong	
Wy, jim, sy, jo	springe	sprongen	

to justify

	Notiid	Doetiid	Mulwurd
Ik	rjochtfeardigje	rjochtfeardige	rjochtfeardige
Dû	rjochtfeardiges	rjochtfeardigest(e)	
Hy, sy, it	rjochtfeardiget	rjochtfeardige	
Wy, jim, sy, jo	rjochtfeardigje	rjochtfeardigen	

to keep, to retain

	Notiid	Doetiid	Mulwurd
Ik	behâld	behold	beholden
Dû	behâldst	beholdst	
Hy, sy, it	behâldt	behold	
Wy, jim, sy, jo	behâlde	beholden	

to keep, to hold, to love

	Notiid	Doetiid	Mulwurd
Ik	hâld	hold	holden
Dû	hâldst	holdst	
Hy, sy, it	hâldt	hold	
Wy, jim, sy, jo	hâlde	holden	

to keep silent about

	Notiid	Doetiid	Mulwurd
Ik	fersij	ferswei	ferswein
Dû	ferwijst	fersweist	
Hy, sy, it	ferswijt	fersweit	
Wy, jim, sy, jo	ferswije	fersweien	

to kick

	Notiid	Doetiid	Mulwurd
Ik	skop	skôp	skopt
Dû	skopst	skôpst	
Hy, sy, it	skopt	skôp	
Wy, jim, sy, jo	skoppe	skôpe	

to kill

	Notiid	Doetiid	Mulwurd
Ik	deadzje	deade	deade
Dû	deadest	deadest(e)	
Hy, sy, it	deadet	deade	
Wy, jim, sy, jo	deadzje	deaden	

to kiss

	Notiid	Doetiid	Mulwurd
Ik	tútsje	tute	tute
Dû	tutest	tutest(e)	
Hy, sy, it	tutet	tute	
Wy, jim, sy, jo	tútsje	tútten	

to knock

	Notiid	Doetiid	Mulwurd
Ik	klopje	kloppe	kloppe
Dû	kloppest	kloppest(e)	
Hy, sy, it	kloppet	kloppe	
Wy, jim, sy, jo	klopje	kloppen	

to know (someone)

	Notiid	Doetiid	Mulwurd
Ik	ken	koe	kend
Dû	kenst	koest	
Hy, sy, it	kent	koe	
Wy, jim, sy, jo	kenne	koene(n)	

to know

	Notiid	Doetiid	Mulwurd
Ik	wit	wist	witten
Dû	witst	wist	
Hy, sy, it	wit	wist	
Wy, jim, sy, jo	witte	wisten	

to land, to calm down

	Notiid	Doetiid	Mulwurd
Ik	bedarje	bedarre	bedarre
Dû	bedarrest	bedarrest(e)	
Hy, sy, it	bedarret	bedarre	
Wy, jim, sy, jo	bedarje	bedarren	

to laugh

	Notiid	Doetiid	Mulwurd
Ik	laitsje	lake	lake
Dû	lakest	lakest(e)	
Hy, sy, it	laket	lake	
Wy, jim, sy, jo	laitsje	laken	

to lay

	Notiid	Doetiid	Mulwurd
Ik	lis	lei	lein
Dû	leist	leiste	
Hy, sy, it	leit	lei	
Wy, jim, sy, jo	lizze	leine(n)	

to lead

	Notiid	Doetiid	Mulwurd
Ik	lied	late	laat
Dû	liedst	latest	
Hy, sy, it	liedt	late	
Wy, jim, sy, jo	liede	laten	

to learn

	Notiid	Doetiid	Mulwurd
Ik	lear	learde	leard
Dû	learst	leardest	
Hy, sy, it	leart	learde	
Wy, jim, sy, jo	leare	learden	

to lend, to borrow

	Notiid	Doetiid	Mulwurd
Ik	lien	liende	liend
Dû	lienst	liendest	
Hy, sy, it	lient	liende	
Wy, jim, sy, jo	liene	lienden	

to let, to allow

	Notiid	Doetiid	Mulwurd
Ik	lit	liet	litten
Dû	litst	lietst	
Hy, sy, it	lit	liet	
Wy, jim, sy, jo	litte	lieten	

to lie

	Notiid	Doetiid	Mulwurd
Ik	liich	leach	leagen
Dû	liichst	leachst	
Hy, sy, it	liicht	leach	
Wy, jim, so, jo	lige	leagen	

to link, to connect

	Notiid	Doetiid	Mulwurd
Ik	keppelje	keppele	keppele
Dû	keppelest	keppelest(e)	
Hy, sy, it	keppelet	keppele	
Wy, jim, sy, jo	keppelje	keppelen	

to listen

	Notiid	Doetiid	Mulwurd
Ik	harkje	harke	harke
Dû	harkest	harkest(e)	
Hy, sy, it	harket	harke	
Wy, jim, sy, jo	harkje	harken	

to listen

	Notiid	Doetiid	Mulwurd
Ik	lústerje	lústere	lústere
Dû	lústerest	lústerest(e)	
Hy, sy, it	lústeret	lústere	
Wy, jim, sy, jo	lústerje	lústeren	

to live

	Notiid	Doetiid	Mulwurd
Ik	libje	libbe	libbe
Dû	libbest	libbest(e)	
Hy, sy, it	libbet	libbe	
Wy, jim, sy, jo	libje	libben	

to live (place)

	Notiid	Doetiid	Mulwurd
Ik	wenje	wenne	wenne
Dû	wennest	wennest(e)	
Hy, sy, it	wennet	wenne	
Wy, jim, sy, jo	wenje	wenne	

to lock up

	Notiid	Doetiid	Mulwurd
Ik	beskoattelje	beskoattele	beskoattele
Dû	beskoattelest	beskoattelest(e)	
Hy, sy, it	beskoattelet	beskoattele	
Wy, jim, sy, jo	beskoattelje	beskoattelen	

to look at

	Notiid	Doetiid	Mulwurd
Ik	besjoch	beseach	besjoen
Dû	besjochst	beseachst	
Hy, sy, it	besjocht	beseach	
Wy, jim, sy, jo	besjogge	beseagen	

to look forward

	Notiid	Doetiid	Mulwurd
Ik	ferhûgje	ferhûge	ferhûge
Dû	ferhûgest	ferhûgest(e)	
Hy, sy, it	ferhûget	ferhûge	
Wy, jim, sy, jo	ferhûgje	ferhûgen	

to lose

	Notiid	Doetiid	Mulwurd
Ik	ferlies	ferlear	ferlern
Dû	ferliest	ferlearst	
Hy, sy, it	ferliest	ferlear	
Wy, jim, sy, jo	ferlieze	ferlearen	

to lower

	Notiid	Doetiid	Mulwurd
Ik	ferleegje	ferlege	ferlege
Dû	ferlegest	ferlegest(e)	
Hy, sy, it	ferleget	ferlege	
Wy, jim, sy, jo	ferleegje	ferlegen	

to lure

	Notiid	Doetiid	Mulwurd
Ik	lokje	lokke	lokke
Dû	lokkest	loktest	
Hy, sy, it	lokket	lokke	
Wy, jim, sy, jo	lokje	lokken	

to maintain

	Notiid	Doetiid	Mulwurd
Ik	ûnderhâld	ûnderhold	ûnderholden
Dû	ûnderhâldst	ûnderholdst	
Hy, sy, it	ûnderhâldt	ûnderhold	
Wy, jim, sy, jo	ûnderhâlde	ûnderholden	

to make

	Notiid	Doetiid	Mulwurd
Ik	meitsje	makke	makke
Dû	makkest	makkest(e)	
Hy, sy, it	makket	makke	
Wy, jim, sy, jo	meitsje	makken	

to make a slip of tongue

	Notiid	Doetiid	Mulwurd
Ik	fersprek	ferspruts	fersprutsen
Dû	fersprekst	fersprutst	
Hy, sy, it	fersprekt	ferspruts	
Wy, jim, sy, jo	fersprekke	fersprutsen	

to master

	Notiid	Doetiid	Mulwurd
Ik	masterje	mastere	mastere
Dû	masterest	masterest(e)	
Hy, sy, it	masteret	mastere	
Wy, jim, sy, jo	masterje	masteren	

to marry

	Notiid	Doetiid	Mulwurd
Ik	boaskje	boaske	boaske
Dû	boaskest	boaskest(e)	
Hy, sy, it	boasket	boaske	
Wy, jim, sy, jo	boaskje	boasken	

may, to be allowed, to like

	Notiid	Doetiid	Mulwurd
Ik	mei	mocht	mocht
Dû	meist	mochtst	
Hy, sy, it	mei	mocht	
Wy, jim, sy, jo	meie	mochten	

to mean

	Notiid	Doetiid	Mulwurd
Ik	mien	miende	miend
Dû	mienst	miendest	
Hy, sy, it	mient	miende	
Wy, jim, sy, jo	miene	mienden	

to measure

	Notiid	Doetiid	Mulwurd
Ik	mjit	meat	metten
Dû	mjitst	meatst	
Hy, sy, it	mjit	meat	
Wy, jim, sy, jo	mjitte	meaten	

to meet

	Notiid	Doetiid	Mulwurd
Ik	moetsje	mette	met
Dû	moetest	mettest	
Hy, sy, it	moetet	mette	
Wy, jim, sy, jo	moetsje	metten	

to melt

	Notiid	Doetiid	Mulwurd
Ik	raan	raande	raand
Dû	raanst	raandest	
Hy, sy, it	raant	raande	
Wy, jim, sy, jo	rane	raanden	

to miss

	Notiid	Doetiid	Mulwurd
Ik	mis	miste	mist
Dû	mist	miste	
Hy, sy, it	mist	miste	
Wy, jim, sy, jo	misse	misten	

to mix together, to mingle

	Notiid	Doetiid	Mulwurd
Ik	ferming	fermong	fermongen
Dû	fermingst	fermongst	
Hy, sy, it	fermingt	fermong	
Wy, jim, sy, jo	færminge	fermongen	

to mingle, to mix

	Notiid	Doetiid	Mulwurd
Ik	ming	mong	mongen
Dû	mingst	mongst	
Hy, sy, it	mingt	mong	
Wy, jim, sy, jo	minge	mongen	

to modify, to adjust

	Notiid	Doetiid	Mulwurd
Ik	wizigje	wizige	wizige
Dû	wizigest	wizigest(e)	
Hy, sy, it	wiziget	wizige	
Wy, jim, sy, jo	wizigje	wizige	

to molt

	Notiid	Doetiid	Mulwurd
Ik	ferfelje	ferfelle	ferfelle
Dû	ferfellest	ferfellest(e)	
Hy, sy, it	ferfellet	ferfelle	
Wy, jim, sy, jo	ferfelje	ferfelle	

to move

	Notiid	Doetiid	Mulwurd
Ik	beweech	bewege	bewege
Dû	beweechst	beweechst(e)	
Hy, sy, it	beweecht	bewege	
Wy, jim, sy, jo	beweegje	bewegen	

to murder

	Notiid	Doetiid	Mulwurd
Ik	moardzje	moarde	moarde
Dû	moardest	moardest(e)	
Hy, sy, it	moardet	moarde	
Wy, jim, sy, jo	moardzje	moarden	

to murder

	Notiid	Doetiid	Mulwurd
Ik	fermoardzje	fermoarde	fermoarde
Dû	fermoardest	fermoardest(e)	
Hy, sy, it	fermoardet	fermoarde	
Wy, jim, sy, jo	fermoardzje	fermoarden	

must

	Notiid	Doetiid	Mulwurd
Ik	moat	moast	moatten
Dû	moatst	moast	
Hy, sy, it	moat	moast	
Wy, jim, sy, jo	moatte	moasten	

to name

	Notiid	Doetiid	Mulwurd
Ik	neam	neamde	neamd
Dû	neamst	neamdest	
Hy, sy, it	neamt	neamde	
Wy, jim, sy, jo	neame	neamden	

to name

	Notiid	Doetiid	Mulwurd
Ik	ferneam	ferneamde	ferneamd
Dû	ferneamst	ferneamdest	
Hy, sy, it	ferneamt	ferneamde	
Wy, jim, sy, jo	ferneame	ferneamden	

to need

	Notiid	Doetiid	Mulwurd
Ik	hoech	hoegde	hoegd
Dû	hoechst	hoegdest	
Hy, sy, it	hoecht	hoegde	
Wy, jim, sy, jo	hoege	hoegden	

to notice

	Notiid	Doetiid	Mulwurd
Ik	fernim	fernaam	fernaam
Dû	fernimst	fernaamst	
Hy, sy, it	fernimt	fernaam	
Wy, jim, sy, jo	fernimme	fernamen	

to notice

	Notiid	Doetiid	Mulwurd
Ik	merk	murk	murken
Dû	merkst	murkst	
Hy, sy, it	merkt	murk	
Wy, jim, sy, jo	merke	murken	

to obligate

	Notiid	Doetiid	Mulwurd
Ik	ferplichtsje	ferplichte	ferplichte
Dû	ferplichtst	ferplichtst(e)	
Hy, sy, it	ferplichtet	ferplichte	
Wy, jim, sy, jo	ferplichtsje	ferplichten	

to obtain

	Notiid	Doetiid	Mulwurd
Ik	behelje	behelle	behelle
Dû	behellest	behellest(e)	
Hy, sy, it	behellet	behelle	
Wy, jim, sy, jo	behelje	behellen	

to occupy

	Notiid	Doetiid	Mulwurd
Ik	beset	besette	besetten
Dû	besetst	besettest	
Hy, sy, it	beset	besette	
Wy, jim, sy, jo	besette	besetten	

to offend

	Notiid	Doetiid	Mulwurd
Ik	misledigje	misledige	misledige
Dû	misledigest	misledigest(e)	
Hy, sy, it	misledigjet	misledige	
Wy, jim, sy, jo	misledigje	misledigen	

to offer

	Notiid	Doetiid	Mulwurd
Ik	bied	bea	bean
Dû	biedst	beast	
Hy, sy, it	biedt	bea	
Wy, jim, sy, jo	biede	beaen	

to open

	Notiid	Doetiid	Mulwurd
Ik	iepenje	iepene	iepene
Dû	iepenest	iepenest(e)	
Hy, sy, it	iepenet	iepene	
Wy, jim, sy, jo	iepenje	iepenen	

to oppose

	Notiid	Doetiid	Mulwurd
Ik	ferset	fersette	fersetten
Dû	fersetst	fersettest	
Hy, sy, it	ferset	fersette	
Wy, jim, sy, jo	fersette	fersetten	

to order, to command

	Notiid	Doetiid	Mulwurd
Ik	befelje	befoel	befelle
Dû	befellest	befoelst	
Hy, sy, it	befellet	befoel	
Wy, jim, sy, jo	befelje	befoelen	

to organize

	Notiid	Doetiid	Mulwurd
Ik	organisearje	organisearre	organisearre
Dû	organisearrest	organisearrest(e)	
Hy, sy, it	organisearret	organisearre	
Wy, jim, sy, jo	organisearje	organisearren	

to oversleep

	Notiid	Doetiid	Mulwurd
Ik	fersliep	ferslepte	ferslept
Dû	fersliepst	fersleptest	
Hy, sy, it	fersliept	ferslepte	
Wy, jim, sy, jo	fersliepe	ferslepten	

to overwhelm

	Notiid	Doetiid	Mulwurd
Ik	oerweldigje	oerweldige	oerweldige
Dû	oerweldigest	oerweldigest(e)	
Hy, sy, it	oerweldiget	oerweldige	
Wy, jim, sy, jo	oerweldigje	oerweldigen	

to own, to possess

	Notiid	Doetiid	Mulwurd
Ik	besit	besiet	besitten
Dû	besitst	besietst	
Hy, sy, it	besit	besiet	
Wy, jim, sy, jo	besitte	besieten	

to paint

	Notiid	Doetiid	Mulwurd
Ik	fervje	ferve	ferve
Dû	fervest	fervest(e)	
Hy, sy, it	fervet	ferve	
Wy, jim, sy, jo	fervje	ferven	

to paint

	Notiid	Doetiid	Mulwurd
Ik	skilderje	skildere	skildere
Dû	skilderest	skilderest(e)	
Hy, sy, it	skilderet	skildere	
Wy, jim, sy, jo	skilderje	skilderen	

to part, to divorce

	Notiid	Doetiid	Mulwurd
Ik	skied	skate	skaat
Dû	skiedst	skatest	
Hy, sy, it	skiedt	skate	
Wy, jim, sy, jo	skiede	skaten	

to pass, to expire

	Notiid	Doetiid	Mulwurd
Ik	ferrin	ferrûn	ferrûn
Dû	ferrinst	ferrûnst	
Hy, sy, it	ferrint	ferrûn	
Wy, jim, sy, jo	ferrinne	ferrûnen	

to pay

	Notiid	Doetiid	Mulwurd
Ik	betelje	betelle	betelle
Dû	betellest	betellest(e)	
Hy, sy, it	betellet	betelle	
Wy, jim, sy, jo	betelje	betellen	

to pinch, to squeeze

	Notiid	Doetiid	Mulwurd
Ik	knyp	kniep	knypt
Dû	knypst	kniepst	
Hy, sy, it	knypt	kniep	
Wy, jim, sy, jo	knipe	kniepen	

to place

	Notiid	Doetiid	Mulwurd
Ik	pleats	pleatste	pleatst
Dû	pleastst	pleatstest	
Hy, sy, it	pleastst	pleatste	
Wy, jim, sy, jo	pleaste	pleatsten	

to play (children)

	Notiid	Doetiid	Mulwurd
Ik	boartsje	boarte	boarte
Dû	boartest	boarstest(e)	
Hy, sy, it	boartet	boarte	
Wy, jim, sy, jo	boartsje	boarten	

to play (game)

	Notiid	Doetiid	Mulwurd
Ik	spylje	spile	spile
Dû	spilest	spilest(e)	
Hy, sy, it	spilet	spile	
Wy, jim, sy, jo	spylje	spilen	

to pollute

	Notiid	Doetiid	Mulwurd
Ik	fersmoargje	fersmoarge	fersmoarge
Dû	fersmoargest	fersmoargest(e)	
Hy, sy, it	fersmoarget	fersmoarge	
Wy, jim, sy, jo	fersmoargje	fersmoargen	

to pour

	Notiid	Doetiid	Mulwurd
Ik	jit	geat	getten
Dû	jitst	geatst	
Hy, sy, it	jit	geat	
Wy, jim, sy, jo	jitte	geaten	

to praise

	Notiid	Doetiid	Mulwurd
Ik	priizgje	priizge	priizge
Dû	priizgest	priizgest(e)	
Hy, sy, it	priizget	priizge	
Wy, jim, sy, jo	priizgjr	priizge	

to pray

	Notiid	Doetiid	Mulwurd
Ik	bid	bea	bean
Dû	bidst	beast	
Hy, sy, it	bidt	bea	
Wy, jim, sy, jo	bidde	beaen	

to predict

	Notiid	Doetiid	Mulwurd
Ik	foarspel	foarspelde	foarspeld
Dû	foarspelst	foarspeldest	
Hy, sy, it	foarspelt	foarspelde	
Wy, jim, sy, jo	foarspelle	foarspellen	

to prefer, to elect

	Notiid	Doetiid	Mulwurd
Ik	ferkies	ferkeas	ferkeazen
Dû	ferkiest	ferkeast	
Hy, sy, it	ferkiest	ferkeas	
Wy, jim, sy, jo	ferkieze	ferkeazen	

to present

	Notiid	Doetiid	Mulwurd
Ik	presintearje	presintearre	presintearre
Dû	presintearrest	presintearrest(e)	
Hy, sy, it	presintearret	presintearre	
Wy, jim, sy, jo	presintearje	presintearren	

to present with

	Notiid	Doetiid	Mulwurd
Ik	skink	skonk	skonken
Dû	skinkst	skonkst	
Hy, sy, it	skinkt	skonk	
Wy, jim, sy, jo	skinke	skonken	

to prevail

	Notiid	Doetiid	Mulwurd
Ik	oerwin	oerwûn	oerwûn
Dû	oerwinst	oerwûnst	
Hy, sy, it	oerwint	oerwûn	
Wy, jim, sy, jo	oerwinne	oerwûnen	

to process, to digest

	Notiid	Doetiid	Mulwurd
Ik	ferwurkje	ferwurke	ferwurke
Dû	ferwurkest	ferwurkest(e)	
Hy, sy, it	ferwurket	ferwurke	
Wy, jim, sy, jo	ferwurkje	ferwurken	

to produce

	Notiid	Doetiid	Mulwurd
Ik	produsearje	produsearre	produsearre
Dû	produsearrest	produsearrest(e)	
Hy, sy, it	produsearret	produsearre	
Wy, jim, sy, jo	produsearje	produsearren	

to promise

	Notiid	Doetiid	Mulwurd
Ik	fersis	fersei	fersein
Dû	ferseist	ferseiste	
Hy, sy, it	ferseit	fersei	
Wy, jim, sy, jo	fersizze	ferseine(n)	

to promote

	Notiid	Doetiid	Mulwurd
Ik	befoarderje	befoardere	befoardere
Dû	befoarderest	befoarderest(e)	
Hy, sy, it	befoarderet	befoardere	
Wy, jim, sy, jo	befoarderje	befoarderen	

to protect

	Notiid	Doetiid	Mulwurd
Ik	beskermje	beskerme	beskerme
Dû	beskermest	beskermest(e)	
Hy, sy, it	beskermet	beskerme	
Wy, jim, sy, jo	beskermje	beskermen	

to pull

	Notiid	Doetiid	Mulwurd
Ik	lûk	luts	lutsen
Dû	lûkst	lutst	
Hy, sy, it	lûkt	luts	
Wy, jim, sy, jo	lûke	lutsen	

to punish

	Notiid	Doetiid	Mulwurd
Ik	straf	strafte	straft
Dû	straftest	straftest(e)	
Hy, sy, it	straft	strafte	
Wy, jim, sy, jo	straffe	straften	

to push

	Notiid	Doetiid	Mulwurd
Ik	triuw	treau	treaun
Dû	triuwst	treaust	
Hy, sy, it	triuwt	treau	
Wy, jim, sy, jo	triuwe	treaune(n)	

to reach

	Notiid	Doetiid	Mulwurd
Ik	berik	berikte	berikt
Dû	berikst	beriktest	
Hy, sy, it	berikt	berikte	
Wy, jim, sy, jo	berikke	berikten	

to read

	Notiid	Doetiid	Mulwurd
Ik	lês	lies	lêzen
Dû	lêst	liest	
Hy, sy, it	lêst	lies	
Wy, jim, sy, it	lêze	liezen	

to receive

	Notiid	Doetiid	Mulwurd
Ik	ûntfang	ûntfong	ûntfongen
Dû	ûntfangst	ûntfongst	
Hy, sy, it	ûntfangt	ûntfong	
Wy, jim, sy, jo	ûntfange	ûntfongen	

to recognize

	Notiid	Doetiid	Mulwurd
Ik	werken	werkende	werkend
Dû	werkenst	werkendest	
Hy, sy, it	werkent	werkende	
Wy, jim, sy, jo	werkenne	werkenden	

to recover

	Notiid	Doetiid	Mulwurd
Ik	genês	genies	genêzen
Dû	genêst	geniest	
Hy, sy, it	genêst	genies	
Wy, jim, sy, jo	genêze	geniezen	

to reduce

	Notiid	Doetiid	Mulwurd
Ik	ferminderje	fermindere	fermindere
Dû	ferminderest	ferminderest(e)	
Hy, sy, it	fermindert	fermindere	
Wy, jim, sy, jo	ferminderje	ferminderen	

to refer

	Notiid	Doetiid	Mulwurd
Ik	ferwiis	ferwiisde	ferwiisd
Dû	ferwiist	ferwiisdest	
Hy, sy, it	ferwiist	ferwiisde	
Wy, jim, sy, jo	ferwize	ferwiisden	

to reflect

	Notiid	Doetiid	Mulwurd
Ik	wjerspegelje	wjerspegele	wjerspegele
Dû	wjerspegelest	wjerspegelest(e)	
Hy, sy, it	wjerspegelet	wjerspegele	
Wy, jim, sy, jo	wjerspegelje	wjerspegelen	

to reject

	Notiid	Doetiid	Mulwurd
Ik	wegerje	wegere	wegere
Dû	wegerest	wegerest(e)	
Hy, sy, it	wegeret	wegere	
Wy, jim, sy, jo	wegerje	wegeren	

to remember

	Notiid	Doetiid	Mulwurd
Ik	ûnthâld	ûnthold	ûntholden
Dû	ûnthâldst	ûntholdst	
Hy, sy, it	ûnthâldt	ûnthold	
Wy, jim, sy, it	ûnthâlde	ûntholden	

to remove

	Notiid	Doetiid	Mulwurd
Ik	ferwiderje	ferwidere	ferwidere
Dû	ferwiderest	ferwiderest(e)	
Hy, sy, it	ferwideret	ferwidere	
Wy, jim, sy, jo	ferwiderje	ferwideren	

to renew

	Notiid	Doetiid	Mulwurd
Ik	fernij	fernijde	fernijd
Dû	fernijst	fernijdest	
Hy, sy, it	fernijt	fernijde	
Wy, jim, sy, jo	fernije	fernijden	

to repeat

	Notiid	Doetiid	Mulwurd
Ik	werhelje	werhelle	werhelle
Dû	werhellest	werhellest(e)	
Hy, sy, it	werhellet	werhelle	
Wy, jim, sy, jo	werhelje	werhellen	

to replace

	Notiid	Doetiid	Mulwurd
Ik	ferfang	ferfong	ferfongen
Dû	ferfangst	ferfongst	
Hy, sy, it	ferfangt	ferfong	
Wy, jim, sy, jo	ferfange	ferfongen	

to reply

	Notiid	Doetiid	Mulwurd
Ik	beantwurdzje	beantwurde	beantwurde
Dû	beantwurdest	beantwurdest(e)	
Hy, sy, it	beantwurdet	beantwurde	
Wy, jim, sy, jo	beantwurdzje	beantwurden	

to represent

	Notiid	Doetiid	Mulwurd
Ik	fertsjintwurdigje	fertsjintwurdige	fertsjintwurdig
Dû	fertsjintwurdigest	fertsjintwurdigest(e)	
Hy, sy, it	fertsjintwurdige	fertsjintwurdige	
Wy, jim, sy, jo	fertsjintwurdigje	fertsjintwurdigen	

to reproach, to blame

	Notiid	Doetiid	Mulwurd
Ik	ferwyt	ferwiet	ferwiten
Dû	ferwytst	ferwietst	
Hy, sy, it	ferwyt	ferwiet	
Wy, jim, sy, jo	ferwite	ferwieten	

to request

	Notiid	Doetiid	Mulwurd
Ik	fersykje	fersocht	fersocht
Dû	fersikest	fersochtst	
Hy, sy, it	fersiket	fersocht	
Wy, jim, sy, jo	fersykje	fersocht	

to require

	Notiid	Doetiid	Mulwurd
Ik	fereaskje	fereaske	fereaske
Dû	fereaskest	fereaskest(e)	
Hy, sy, it	fereasket	fereaske	
Wy, jim, sy, jo	fereaskje	fereasken	

to research

	Notiid	Doetiid	Mulwurd
Ik	ûndersykje	ûndersocht	ûndersocht
Dû	ûndersikest	ûndersochst	
Hy, sy, it	ûndersiket	ûndersocht	
Wy, jim, sy, jo	ûndersykje	ûndersochten	

to respect

	Notiid	Doetiid	Mulwurd
Ik	respektearje	respektearre	respektearre
Dû	respektearrest	respektearrest(e)	
Hy, sy, it	respektearret	respektearre	
Wy, jim, sy, jo	respektearje	respektearren	

to restrict

	Notiid	Doetiid	Mulwurd
Ik	behein	beheinde	beheind
Dû	beheinst	beheindest	
Hy, sy, it	beheint	beheinde	
Wy, jim, sy, jo	beheine	beheinden	

to resume

	Notiid	Doetiid	Mulwurd
Ik	ferfetsje	ferfette	ferfette
Dû	ferfettest	ferfettest(e)	
Hy, sy, it	ferfettet	ferfette	
Wy, jim, sy, jo	ferfetsje	ferfetten	

to ride, to drive

	Notiid	Doetiid	Mulwurd
Ik	ryd	ried	riden
Dû	rydst	riedst	
Hy, sy, it	rydt	ried	
Wy, jim, sy, jo	ride	rieden	

to risk

	Notiid	Doetiid	Mulwurd
Ik	riskearje	riskearre	riskearre
Dû	riskearrest	riskearrest(e)	
Hy, sy, it	riskearret	riskearre	
Wy, jim, sy, jo	riskearje	riskearren	

to rub

	Notiid	Doetiid	Mulwurd
Ik	wriuw	wreau	wreaun
Dû	wriuwst	wreaust	
Hy, sy, it	wriuwt	wreau	
Wy, jim, sy, jo	wriuwe	wreaune(n)	

to rule

	Notiid	Doetiid	Mulwurd
Ik	hearskje	hearske	hearske
Dû	hearskest	hearskest(e)	
Hy, sy, it	hearsket	hearske	
Wy, jim, sy, jo	hearskje	hearsken	

to sail

	Notiid	Doetiid	Mulwurd
IK	far	fear	fearn
Dû	farst	fearst	
Hy, sy, it	fart	fear	
Wy, jim, sy, jo	farre	fearen	

to save, to rescue

	Notiid	Doetiid	Mulwurd
Ik	rêd	rette	ret
Dû	rêdst	rettest	
Hy, sy, it	rêdt	rette	
Wy, jim, sy, jo	rêde	retten	

to save, to keep

	Notiid	Doetiid	Mulwurd
Ik	bewarje	bewarre	bewarre
Dû	bewarrest	bewarrest(e)	
Hy, sy, it	bewarret	bewarre	
Wy, jim, sy, jo	bewarje	bewarren	

to say

	Notiid	Doetiid	Mulwurd
Ik	sis	sei	sjoen
Dû	seist	seist(e)	
Hy, sy, it	seit	sei	
Wy, jim, sy, jo	sizze	seine(n)	

to say sorry, to apologize

	Notiid	Doetiid	Mulwurd
Ik	ferûntskuldigje	ferûntskuldige	ferûntskuldige
Dû	ferûntskuldigest	ferûntskuldigest(e)	
Hy, sy, it	ferûntskuldiget	ferûntskuldige	
Wy, jim, sy, jo	ferûntskuldige	ferûntskuldige	

to scare

	Notiid	Doetiid	Mulwurd
Ik	skrik	skrok	skrokken
Dû	skrikst	skrokst	
Hy, sy, it	skrikt	skrok	
Wy, jim, sy, jo	skrikke	skrokken	

to seduce

	Notiid	Doetiid	Mulwurd
Ik	ferlied	ferlate	ferlaat
Dû	ferliedst	ferlatest	
Hy, sy, it	ferliedt	ferlate	
Wy, jim, sy, jo	ferliede	ferlate	

to seek, to search

	Notiid	Doetiid	Mulwurd
Ik	sykje	socht	socht
Dû	sikest	sochtst	
Hy, sy, it	siket	socht	
Wy, jim, sy, jo	sykje	sochten	

to seem, to look like

	Notiid	Doetiid	Mulwurd
Ik	lykje	like	liken
Dû	likest	likest(e)	
Hy, sy, it	liket	like	
Wy, jim, sy, jo	lykje	liken	

to select

	Notiid	Doetiid	Mulwurd
Ik	selektearje	selektearre	selektearre
Dû	selektearrest	selektearrest(e)	
Hy, sy, it	selektearret	selektearre	
Wy, jim, sy, jo	selektearje	selektearren	

to sell

	Notiid	Doetiid	Mulwurd
Ik	ferkeapje	ferkocht	ferkocht
Dû	ferkeapest	ferkochtst	
Hy, sy, it	ferkeapet	ferkocht	
Wy, jim, sy, jo	ferkeapje	ferkochten	

to send

	Notiid	Doetiid	Mulwurd
Ik	stjoer	stjoerde	stjoerd
Dû	stjoerst	stjoerdest	
Hy, sy, it	stjoert	stjoerde	
Wy, jim, sy, jo	stjoere	stjoerden	

to sentence, to condemn

	Notiid	Doetiid	Mulwurd
Ik	feroardielje	feroardiele	feroardiele
Dû	feroardielest	feroardielest(e)	
Hy, sy, it	feroardielet	feroardiele	
Wy, jim, sy, jo	feroardielje	feroardiele	

to serve

	Notiid	Doetiid	Mulwurd
Ik	tsjinje	tsjinne	tsjinne
Dû	tsjinnest	tsjinnest(e)	
Hy, sy, it	tsjinnet	tsjinne	
Wy, jim, sy, jo	tsjinje	tsjinnen	

to set, to put

	Notiid	Doetiid	Mulwurd
Ik	set	sette	setten
Dû	setst	settest	
Hy, sy, it	set	sette	
Wy, jim, sy, jo	sette	setten	

to shake

	Notiid	Doetiid	Mulwurd
Ik	skodzje	skodde	skodde
Dû	skoddest	skoddest(e)	
Hy, sy, it	skoddet	skodde	
Wy, jim, sy, jo	skodzje	skodden	

shall, will

	Notiid	Doetiid	Mulwurd
Ik	sil	soe	sillen
Dû	silst	soest	
Hy, sy, it	sil	soe	
Wy, jim, sy, jo	sille	soene(n)	

to shame

	Notiid	Doetiid	Mulwurd
Ik	skamje	skamme	skamme
Dû	skammest	skammest(e)	
Hy, sy, it	skammet	skamme	
Wy, jim, sy, jo	skamje	skamme	

to share

	Notiid	Doetiid	Mulwurd
Ik	diel	dielde	dield
Dû	dielst	dieldest	
Hy, sy, it	dielt	dielde	
Wy, jim, sy, jo	diele	dielden	

to shave, to shear

	Notiid	Doetiid	Mulwurd
Ik	skear	skearde	skeard
Dû	skearst	skeardest	
Hy, sy, it	skeart	skearde	
Wy, jim, sy, jo	skeare	skearden	

to shine

	Notiid	Doetiid	Mulwurd
Ik	skyn	skynde	skynd
Dû	skynst	skyndest	
Hy, sy, it	skynt	skynde	
Wy, jim, sy, jo	skine	skynden	

to shit

	Notiid	Doetiid	Mulwurd
Ik	skyt	skiet	skiten
Dû	skytst	skietst	
Hy, sy, it	skyt	skiet	
Wy	skite	skieten	

to shoot

	Notiid	Doetiid	Mulwurd
Ik	sjit	skeat	sketten
Dû	sjitst	skeatst	
Hy, sy, it	sjit	skeat	
Wy, jim, sy, jo	sjitte	skeaten	

to shoot at

	Notiid	Doetiid	Mulwurd
Ik	besjit	beskeat	besketten
Dû	besjitst	beskeatst	
Hy, sy, it	besjit	beskeat	
Wy, jim, sy, jo	besjitte	beskeate	

to shout

	Notiid	Doetiid	Mulwurd
Ik	raas	raasde	raasd
Dû	raast	raasdest	
Hy, sy, it	raast	raasde	
Wy, jim, sy, jo	raze	raasden	

to shove

	Notiid	Doetiid	Mulwurd
Ik	skow	skowde	skowd
Dû	skowst	skowdest	
Hy, sy, it	skowt	skowde	
Wy, jim, sy, jo	skowe	skowden	

to shut, to lock, to close

	Notiid	Doetiid	Mulwurd
Ik	slút	sleat	sletten
Dû	slútst	sleatst	
Hy, sy, it	slút	sleat	
Wy, jim, sy, jo	slute	sleate	

to sign

	Notiid	Doetiid	Mulwurd
Ik	ûndertekenje	ûndertekene	ûndertekene
Dû	ûndertekenest	ûndertekenest(e)	
Hy, sy, it	ûndertekenet	ûndertekene	
Wy, jim, sy, jo	ûndertekenje	ûndertekenen	

to sin

	Notiid	Doetiid	Mulwurd
Ik	sûndigje	sûndige	sûndige
Dû	sûndigest	sûndigest(e)	
Hy, sy, it	sûndiget	sûndige	
Wy, jim, sy, jo	sûndigje	sûndigen	

to sing

	Notiid	Doetiid	Mulwurd
Ik	sjong	song	songen
Dû	sjongst	songst	
Hy, sy, it	sjongt	song	
Wy, jim, sy, jo	sjonge	songen	

to sink

	Notiid	Doetiid	Mulwurd
Ik	sink	sonk	sonken
Dû	sinkst	sonkst	
Hy, sy, it	sinkt	sonk	
Wy, jim, sy, jo	sinke	sonken	

to sit

	Notiid	Doetiid	Mulwurd
Ik	sit	siet	sitten
Dû	sitst	sietst	
Hy, sy, it	sit	siet	
Wy, jim, sy, jo	sitte	sieten	

to skin, to strip

	Notiid	Doetiid	Mulwurd
Ik	strûp	stroep	strûpt
Dû	strûpst	stroepst	
Hy, sy, it	strûpt	stroep	
Wy, jim, sy, jo	strûpe	stroepe	

to slaughter

	Notiid	Doetiid	Mulwurd
Ik	slachtsje	slachte	slacht
Dû	slachtest	slachtest(e)	
Hy, sy, it	slachtet	slachte	
Wy, jim, sy, jo	slachtsje	slachte	

to sleep

	Notiid	Doetiid	Mulwurd
Ik	sliep	slepte	slept
Dû	sliepst	sleptest	
Hy, sy, it	sliept	slepte	
Wy, jim, sy, jo	sliepe	slepten	

to smear

	Notiid	Doetiid	Mulwurd
Ik	smar	smarde	smard
Dû	smarst	smardest	
Hy, sy, it	smart	smarde	
Wy, jim, sy, jo	smarre	smarden	

to smell

	Notiid	Doetiid	Mulwurd
Ik	rûk	roek	rûkt
Dû	rûkst	roekst	
Hy, sy, it	rûkt	roek	
Wy, jim, sy, jo	rûke	roeken	

to smile

	Notiid	Doetiid	Mulwurd
Ik	glimkje	glimke	glimke
Dû	glimkest	glimkest(e)	
Hy, sy, it	glimket	glimke	
Wy, jim, sy, jo	glimkje	glimke	

to smoke

	Notiid	Doetiid	Mulwurd
Ik	rikje	rikke	rikke
Dû	rikkest	rikkest(e)	
Hy, sy, it	rikket	rikke	
Wy, jim, sy, jo	rikje	rikken	

to smoke

	Notiid	Doetiid	Mulwurd
Ik	smook	smookte	smookt
Dû	smookst	smooktest	
Hy, sy, it	smookt	smookte	
Wy, jim, sy, jo	smoke	smookten	

to smuggle

	Notiid	Doetiid	Mulwurd
Ik	slûkje	slûke	slûke\
Dû	slûkest	slûkest(e)	
Hy, sy, it	slûket	slûke	
Wy, jim, sy, jo	slûkje	slûken	

to sneak

	Notiid	Doetiid	Mulwurd
Ik	slûp	sloep	slûpt
Dû	slûpst	sloepst	
Hy, sy, it	slûpt	sloep	
Wy, jim, sy, jo	slûpe	sloepen	

to sneak

	Notiid	Doetiid	Mulwurd
Ik	glûp	gloep	glûpt
Dû	glûpst	gloepst	
Hy, sy, it	glûpt	gloep	
Wy, jim, sy, jo	glûpt	gloepen	

to sneak up

	Notiid	Doetiid	Mulwurd
Ik	beslûp	besloep	beslûpt
Dû	beslûpst	besloepst	
Hy, sy, it	beslûpt	besloep	
Wy, jim, sy, jo	beslûpe	besloepen	

to snore

	Notiid	Doetiid	Mulwurd
Ik	snoarkje	snoarke	snoarke
Dû	snoarkest	snoarkest(e)	
Hy, sy, it	snoarket	snoarke	
Wy, jim, sy, jo	snoarkje	snoarken	

to solve

	Notiid	Doetiid	Mulwurd
Ik	ferhelp	ferholp	ferholpen
Dû	ferhelpst	ferholpst	
Hy, sy, it	ferhelpt	ferholp	
Wy, jim, sy, jo	ferhelpe	ferholpen	

to speak

	Notiid	Doetiid	Mulwurd
Ik	sprek	spruts	sprutsen
Dû	sprekst	sprutst	
Hy, sy, it	sprekt	spruts	
Wy, jim, sy, jo	sprekke	sprutsen	

to spill

	Notiid	Doetiid	Mulwurd
Ik	griem	griemde	griemd
Dû	griemst	griemdest	
Hy, sy, it	griemt	griemde	
Wy, jim, sy, jo	grieme	griemden	

to spill

	Notiid	Doetiid	Mulwurd
Ik	smjirkje	smjirke	smjirke
Dû	smjirkest	smjirkest(e)	
Hy, sy, it	smjirket	smjirke	
Wy, jim, sy, jo	smjirkje	smjirken	

to split

	Notiid	Doetiid	Mulwurd
Ik	splyt	spliet	splitten
Dû	splytst	splietst	
Hy, sy, it	splyt	spliet	
Wy, jim, sy, jo	splite	splieten	

to spread

	Notiid	Doetiid	Mulwurd
Ik	spried	sprate	spraat
Dû	spriedst	spratest	
Hy, sy, it	spriedt	sprate	
Wy, jim, sy, jo	spriede	spraten	

to spread out

	Notiid	Doetiid	Mulwurd
Ik	ferspried	fersprate	ferspraat
Dû	ferspriedst	ferspratest	
Hy, sy, it	ferspriedt	fersprate	
Wy, jim, sy, jo	ferspriede	ferspraten	

to stab, to sting

	Notiid	Doetiid	Mulwurd
Ik	stek	stuts	stutsen
Dû	stekst	stutst	
Hy, sy, it	stekt	stuts	
Wy, jim, sy, jo	stekke	stutsen	

to stand

	Notiid	Doetiid	Mulwurd
Ik	stean	stie	stien
Dû	stiest	stiest(e)	
Hy, sy, it	stiet	stie	
Wy, jim, sy, jo	steane	stiene(n)	

to stay (for the night)

	Notiid	Doetiid	Mulwurd
Ik	ferbliuw	ferbleau	ferbleaun
Dû	ferbliuwst	ferbleaust	
Hy, sy, it	ferbliuwt	ferbleau	
Wy, jim, sy, jo	ferbliuwe	ferbleaune(n)	

to stay

	Notiid	Doetiid	Mulwurd
Ik	bliuw	bleau	bleaun
Dû	bliuwst	bleaust	
Hy, sy, it	bliuwt	bleau	
Wy, jim, sy, jo	bliuwe	bleaune(n)	

to steal

	Notiid	Doetiid	Mulwurd
Ik	stel	stiel	stellen
Dû	stelst	stielst	
Hy, sy, it	stelt	stiel	
Wy, jim, sy, jo	stelle	stielen	

to steal from

	Notiid	Doetiid	Mulwurd
Ik	bestel	bestiel	bestellen
Dû	bestelst	bestielst	
Hy, sy, it	bestelt	bestiel	
Wy, jim, sy, jo	bestelle	bestielen	

to step

	Notiid	Doetiid	Mulwurd
Ik	stap	stoep	stapt
Dû	stapst	stoepst	
Hy, sy, it	stapt	stoep	
Wy, jim, sy, jo	stappe	stoepen	

to stink

	Notiid	Doetiid	Mulwurd
Ik	stjonk	stonk	stonken
Dû	stjonkst	stonkst	
Hy, sy, it	stjonkt	stonk	
Wy, jim, sy, jo	stjonke	stonken	

to stir (food, drink)

	Notiid	Doetiid	Mulwurd
Ik	rear	rette	ret
Dû	rearst	rettest	
Hy, sy, it	reart	rette	
Wy, jim, sy, jo	reare	rette	

to stop

	Notiid	Doetiid	Mulwurd
Ik	stopje	stoppe	stoppe
Dû	stoppest	stoppest(e)	
Hy, sy, it	stoppet	stoppe	
Wy, jim, sy, jo	stopje	stoppen	

to stretch

	Notiid	Doetiid	Mulwurd
Ik	strek	struts	strutsen
Dû	strekst	strutst	
Hy, sy, it	strekt	struts	
Wy, jim, sy, jo	strekke	strutsen	

to stretch

	Notiid	Doetiid	Mulwurd
Ik	rek	ruts	rutsen
Dû	rekst	rutst	
Hy, sy, it	rekt	ruts	
Wy, jim, sy, jo	rekke	rutsen	

to struggle, to battle

	Notiid	Doetiid	Mulwurd
Ik	striid	stried	striden
Dû	striidst	striedst	
Hy, sy, it	striidt	stried	
Wy, jim, sy, jo	stride	strieden	

to study

	Notiid	Doetiid	Mulwurd
Ik	studearje	studearre	studearre
Dû	studearrest	studearrest(e)	
Hy, sy, it	studearret	studearre	
Wy, jim, sy, jo	studearje	studearren	

to subscribe

	Notiid	Doetiid	Mulwurd
Ik	abonnearje	abonnearre	abonnearre
Dû	abonnearrest	abonnearrest(e)	
Hy, sy, it	abonnearret	abonnearre	
Wy, jim, sy, jo	abonnearje	abonnearren	

to suffer

	Notiid	Doetiid	Mulwurd
Ik	lij	litte	lit
Dû	lijst	littest	
Hy, sy, it	lijt	litte	
Wy, jim, sy, jo	lije	litten	

to summarize

	Notiid	Doetiid	Mulwurd
Ik	gearfetsje	gearfette	gearfette
Dû	gearfettest	gearfettest(e)	
Hy, sy, it	gearfettet	gearfette	
Wy, jim, sy, jo	gearfetsje	gearfetten	

to support

	Notiid	Doetiid	Mulwurd
Ik	stypje	stipe	stipe
Dû	stipest	stipest(e)	
Hy, sy, it	stipet	stipe	
Wy, jim, sy, jo	stypje	stipen	

to suspect

	Notiid	Doetiid	Mulwurd
Ik	fertink	fertocht	fertocht
Dû	fertinkst	fertochst	
Hy, sy, it	fertinkt	fertocht	
Wy, jim, sy, jo	fertinke	fertochten	

to swear

	Notiid	Doetiid	Mulwurd
Ik	swar	swarde	sward
Dû	swarst	swardest	
Hy, sy, it	swart	swarde	
Wy, jim, sy, jo	swarre	swarden	

to sweat

	Notiid	Doetiid	Mulwurd
Ik	swit	switte	swit
Dû	switst	swittest	
Hy, sy, it	swit	switte	
Wy, jim, sy, jo	switte	switten	

to sweep, to wipe

	Notiid	Doetiid	Mulwurd
Ik	fei	fage	fage
Dû	feist	fagest	
Hy, sy, it	feit	fage	
Wy, jim, sy, jo	feie	fagen	

to swim

	Notiid	Doetiid	Mulwurd
Ik	swim	swom	swommen
Dû	swimst	swomst	
Hy, sy, it	swimt	swom	
Wy, jim, sy, jo	swimme	swomme	

to swing

	Notiid	Doetiid	Mulwurd
Ik	swing	swong	swongen
Dû	swingst	swongst	
Hy, sy, it	swingt	swong	
Wy, jim, sy, jo	swinge	swongen	

to switch

	Notiid	Doetiid	Mulwurd
Ik	wikselje	wiksele	wiksele
Dû	wikselest	wikselest(e)	
Hy, sy, it	wikselet	wiksele	
Wy, jim, sy, jo	wikselje	wikselen	

to take

	Notiid	Doetiid	Mulwurd
Ik	nim	naam	nommen
Dû	nimst	naamst	
Hy, sy, it	nimt	naam	
Wy, jim, sy, jo	nimme	namen	

to take away

	Notiid	Doetiid	Mulwurd
Ik	ûntnim	ûntnaam	ûntnommen
Dû	ûntnimst	ûntnaamst	
Hy, sy, it	ûntnimt	ûntnaam	
Wy, jim, sy, jo	ûntnimme	ûntnamen	

to take care

	Notiid	Doetiid	Mulwurd
Ik	soargje	soarge	soarge
Dû	soargest	soargest(e)	
Hy, sy, it	soarget	soarge	
Wy, jim, sy, jo	soargje	soargen	

to talk

	Notiid	Doetiid	Mulwurd
Ik	praat	prate	praat
Dû	praatst	pratest	
Hy, sy, it	praat	prate	
Wy, jim, sy, jo	prate	praatten	

to talk about, to discus

	Notiid	Doetiid	Mulwurd
Ik	besprek	bespruts	besprutsen
Dû	besprekst	besprutst	
Hy, sy, it	besprekt	bespruts	
Wy, jim, sy, jo	besprekke	besprutsen	

to taste

	Notiid	Doetiid	Mulwurd
Ik	smeitsje	smakke	smakke
Dû	smakkest	smakkest(e)	
Hy, sy, it	smakket	smakke	
Wy, jim, sy, jo	smeitsje	smakken	

to taste

	Notiid	Doetiid	Mulwurd
Ik	priuw	preau	preaun
Dû	priuwst	preaust	
Hy, sy, it	priuwt	preau	
Wy, jim, sy, jo	priuwe	preaune(n)	

to tear apart

	Notiid	Doetiid	Mulwurd
Ik	skuor	skuorde	skuord
Dû	skuorst	skuordest	
Hy, sy, it	skuort	skuordest	
Wy, jim, sy, jo	skuorre	skuorden	

to tell

	Notiid	Doetiid	Mulwurd
Ik	fertel	fertelde	ferteld
Dû	fertelst	forteldest	
Hy, sy, it	fertelt	fertelde	
Wy, jim, sy, jo	fertelle	fertelden	

to thank

	Notiid	Doetiid	Mulwurd
Ik	tankje	tanke	tanke
Dû	tankest	tankest(e)	
Hy, sy, it	tanket	tanke	
Wy, jim, sy, jo	tankje	tanken	

to think

	Notiid	Doetiid	Mulwurd
Ik	tink	tocht	tocht
Dû	tinkst	tochst	
Hy, sy, it	tinkt	tocht	
Wy, jim, sy, jo	tinke	tochte	

to think deeply

	Notiid	Doetiid	Mulwurd
Ik	ferdjipje	ferdjippe	ferdjippe
Dû	ferdjippest	ferdjippest(e)	
Hy, sy, it	ferdjippet	ferdjippe	
Wy, jim, sy, jo	ferdjipje	ferdjippen	

to throw

	Notiid	Doetiid	Mulwurd
Ik	smyt	smiet	smieten
Dû	smytst	smietst	
Hy, sy, it	smyt	smiet	
Wy, jim, sy, jo	smite	smieten	

to throw up, to vomit

	Notiid	Doetiid	Mulwurd
Ik	spui	spei	spein
Dû	spuist	speist	
Hy, sy, it	spuit	speit	
Wy, jim, sy, jo	spuie	speine(n)	

to tolerate

	Notiid	Doetiid	Mulwurd
Ik	duldzje	dulde	dulde
Dû	duldest	duldest(e)	
Hy, sy, it	duldet	dulde	
Wy, jim, sy, jo	duldzje	dulden	

to touch

	Notiid	Doetiid	Mulwurd
Ik	reitsje	rekke	rekke
Dû	rekkest	rekkest(e)	
Hy, sy, it	rekket	rekke	
Wy, jim, sy, jo	reitsje	rekken	

to treat

	Notiid	Doetiid	Mulwurd
Ik	behannelje	behannele	behannele
Dû	behannelest	behannelest(e)	
Hy, sy, it	behannelet	behannele	
Wy, jim, sy, jo	behannelje	behannele	

to tremble

	Notiid	Doetiid	Mulwurd
Ik	trilje	trille	trille
Dû	trillest	trillest(e)	
Hy, sy, it	trillet	trille	
Wy, jim, sy, jo	trilje	trillen	

to trip, to stumble

	Notiid	Doetiid	Mulwurd
Ik	stroffelje	stroffele	stroffele
Dû	stroffelest	stroffelest(e)	
Hy, sy, it	stroffelet	stroffele	
Wy, jim, sy, jo	stroffelje	stroffelen	

to trust

	Notiid	Doetiid	Mulwurd
Ik	fertrou	fertroude	fertroud
Dû	fertroust	fertroudest	
Hy, sy, it	fertrout	fertroude	
Wy, jim, sy, jo	fertrouwe	fertrouden	

to try, to visit

	Notiid	Doetiid	Mulwurd
Ik	besykje	besocht	besocht
Dû	besikest	besochst	
Hy, sy, it	besiket	besocht	
Wy, jim, sy, jo	besykje	besochten	

to turn

	Notiid	Doetiid	Mulwurd
Ik	kear	kearde	keard
Dû	kearst	keardest	
Hy, sy, it	keart	kearde	
Wy, jim, sy, jo	keare	kearden	

to turn out, to appear

	Notiid	Doetiid	Mulwurd
Ik	blyk	bliek	bleken
Dû	blykst	bliekst	
Hy, sy, it	blykt	bliek	
Wy, jim, sy, jo	blike	blieke	

to understand

	Notiid	Doetiid	Mulwurd
Ik	begryp	begriep	berepen
Dû	begrypst	begriepst	
Hy, sy, it	begrypt	begriep	
Wy, jim, sy, jo	begripe	begriepen	

to understand

	Notiid	Doetiid	Mulwurd
Ik	ferstean	ferstie	ferstien
Dû	ferstiest	ferstiest(e)	
Hy, sy, it	ferstiet	ferstie	
Wy, jim, sy, jo	fersteane	ferstiene(n)	

to use

	Notiid	Doetiid	Mulwurd
Ik	brûk	brûkte	brûkt
Dû	brûkst	brûktest	
Hy, sy, it	brûkt	brûkte	
Wy, jim, sy, jo	brûke	brûkten	

to vaccinate

	Notiid	Doetiid	Mulwurd
Ik	faksinearje	faksinearre	faksinearre
Dû	faksinearrest	faksinearrest(e)	
Hy, sy, it	faksinearret	faksinearre	
Wy, jim, sy, jo	faksinearje	faksinearren	

to vary

	Notiid	Doetiid	Mulwurd
Ik	fariearje	fariearre	fariearre
Dû	fariearrest	fariearrest(e)	
Hy, sy, it	fariearret	fariearre	
Wy, jim, sy, jo	fariearje	fariearren	

to venture, to dare

	Notiid	Doetiid	Mulwurd
Ik	weagje	weage	weage
Dû	weagest	weagest(e)	
Hy, sy, it	weaget	weage	
Wy, jim, sy, jo	weagje	weagen	

to verify

	Notiid	Doetiid	Mulwurd
Ik	ferifiearje	ferifiearre	ferifiearre
Dû	ferifiearrest	ferifiearrest(e)	
Hy, sy, it	ferifiearret	ferifiearre	
Wy, jim, sy, jo	ferifiearje	ferifiearren	

to vote

	Notiid	Doetiid	Mulwurd
Ik	stim	stimde	stimd
Dû	stimst	stimdest	
Hy, sy, it	stimt	stimde	
Wy, jim, sy, jo	stimme	stimden	

to walk, to run

	Notiid	Doetiid	Mulwurd
Ik	rin	rûn	rûn
Dû	rinst	rûnst	
Hy, sy, it	rint	rûn	
Wy, jim, sy, jo	rinne	rûnen	

to wander, to roam

	Notiid	Doetiid	Mulwurd
Ik	swerf	swurf	swurven
Dû	swerfst	swurfst	
Hy, sy, it	swerft	swurf	
Wy, jim, sy, jo	swerve	swurve	

want

	Notiid	Doetiid	Mulwurd
Ik	wol	woe	wollen
Dû	wolst	woest	
Hy, sy, it	wol	woe	
Wy, jim, sy, jo	wolle	woene(n)	

to warm

	Notiid	Doetiid	Mulwurd
Ik	waarmje	waarme	waarme
Dû	waarmest	waarmest(e)	
Hy, sy, it	waarmet	waarm	
Wy, jim, sy, jo	waarmje	waarmen	

to wash

	Notiid	Doetiid	Mulwurd
Ik	waskje	wosk	wosken
Dû	waskest	wokst	
Hy, sy, it	wasket	wosk	
Wy, jim, sy, jo	waskje	wosken	

to waste

	Notiid	Doetiid	Mulwurd
Ik	fergriem	fergriemde	fergriemd
Dû	fergriemst	fergriemdest	
Hy, sy, it	fergriemt	fergriemde	
Wy, jim, sy, jo	fergrieme	fergriemden	

to waste (time)

	Notiid	Doetiid	Mulwurd
Ik	ferdoch	ferdie	ferdien
Dû	ferdochst	ferdiest	
Hy, sy, it	ferdocht	ferdie	
Wy, jim, sy, jo	ferdogge	ferdiene(n)	

to watch, to look

	Notiid	Doetiid	Mulwurd
Ik	sjoch	seach	sjoen
Dû	sjochst	seachst	
Hy, sy, it	sjocht	seach	
Wy, jim, sy, jo	sjogge	seagen	

to weep, to cry

	Notiid	Doetiid	Mulwurd
Ik	skriem	skriemde	skriemd
Dû	skriemst	skriemdest	
Hy, sy, it	skriemt	skriemde	
Wy, jim, sy, jo	skrieme	skriemden	

to weigh

	Notiid	Doetiid	Mulwurd
Ik	weagje	woech	woegen
Dû	weagest	woechst	
Hy, sy, it	weaget	woech	
Wy, jim, sy, jo	weagje	woegen	

to welcome

	Notiid	Doetiid	Mulwurd
Ik	ferwolkomje	ferwolkomde	ferwolkommen
Dû	ferwolkommest	ferwolkomdest	
Hy, sy, it	ferwolkommet	ferwolkomde	
Wy, jim, sy, jo	ferwolkomje	ferwolkommen	

to whisper

	Notiid	Doetiid	Mulwurd
Ik	flústerje	flústere	flústere
Dû	flústerest	flústerest(e)	
Hy, sy, it	flústeret	flústere	
Wy, jim, sy, jo	flústerje	flústeren	

to win

	Notiid	Doetiid	Mulwurd
Ik	win	wûn	wûn
Dû	winst	wûnst	
Hy, sy, it	wint	wûn	
Wy, jim, sy, jo	winne	wûne	

to wish

	Notiid	Doetiid	Mulwurd
Ik	winskje	winske	winske
Dû	winskest	winskest(e)	
Hy, sy, it	winsket	winske	
Wy, jim, sy, jo	winskje	winsken	

to wonder

	Notiid	Doetiid	Mulwurd
Ik	fernuverje	fernuvere	fernuvere
Dû	fernuverest	fernuverest(e)	
Hy, sy, it	fernuveret	fernuvere	
Wy, jim, sy, jo	fernuverje	fernuveren	

to work

	Notiid	Doetiid	Mulwurd
Ik	wurkje	wurke	wurke
Dû	wurkest	wurkest(e)	
Hy, sy, it	wurket	wurke	
Wy, jim, sy, jo	wurkje	wurken	

to work hard

	Notiid	Doetiid	Mulwurd
Ik	bealgje	bealge	bealge
Dû	bealgest	bealgest(e)	
Hy, sy, it	bealget	bealge	
Wy, jim, sy, jo	bealgje	bealgen	

to wrestle

	Notiid	Doetiid	Mulwurd
Ik	wrakselje	wraksele	wraksele
Dû	wrakselest	wrakselest(e)	
Hy, sy, it	wrakselet	wraksele	
Wy, jim, sy, jo	wrakselje	wrakselen	

to write

	Notiid	Doetiid	Mulwurd
Ik	skriuw	skreau	skreaun
Dû	skriuwst	skreaust	
Hy, sy, it	skriuwt	skreau	
Wy, jim, sy, jo	skriuwe	skreaune(n)	

Help Us Share Your Thoughts!

Dear Reader,

Thank you for choosing to read our book. We hope you enjoyed the journey through its pages and that it left a positive impact on your life. As an independent author, reviews from readers like you are incredibly valuable in helping us reach a wider audience and improve our craft.

If you enjoyed our book, we kindly ask for a moment of your time to leave an honest review.n. Your feedback can make a world of difference by providing potential readers with insight into the book's content and your personal experience.

Your review doesn't have to be lengthy or complicated—just a few lines expressing your genuine thoughts would be immensely appreciated. We value your feedback and take it to heart, using it to shape our future work and create more content that resonates with readers like you.

By leaving a review, you are not only supporting us as authors but also helping other readers discover this book. Your voice matters, and your words have the power to inspire others to embark on this literary journey.

We genuinely appreciate your time and willingness to share your thoughts. Thank you for being an essential part of our author journey.